90 DÍAS DE DESAFÍO

SOLUTIONS

90daysolutions.com

Diseño de la Cubierta: Jim Gulnick,
Embellecimiento de la Cubierta: Lisett Guevara
www.90daysolutions.com

Fotografia: Amer Chaudhry
New Jersey
www.amer-fotografia.net

1ra Edición: U.S.A (2013)

Corrección: Carolina González
www.carolinagonzalezarias.com

ISBN: 978-0-9848000-4-9

Editorial: 90daysoulmate.com, LLC

Como crear tu libro en 90 días: 90daybook.com

90 DÍAS DE DESAFÍO

Cómo lograr los resultados que quieres en solo 90 días

UN MÉTODO PASO A PASO PARA CONSTRUIR UN NEGOCIO EXITOSO

Mgs. LISETT GUEVARA

Mgs. JIM GULNICK

90daysoulmate.com, LLC

New Jersey, USA

Contenido

INTRODUCCIÓN: 90 Días De Desafío

Más que un libro, este documento se va a convertir en la tabla de salvación para su negocio. Este es un manual, guía y agenda, en donde usted podrá establecer un plan de acción día tras día con un contenido fácil de manejar, y aplicar a su vida personal y a su organización.

Cuando la sociedad entienda que el aprender es una acción de creación activa, que evoluciona y se actualiza constantemente con los cambios del entorno, será entonces que se comenzarán a crear negocios exitosos que enfrenten los cambios sociales, tecnológicos, culturales, políticos y económicos.

Los retos que se les presentan a los empresarios de ahora requieren mayores exigencias de conocimientos y acciones, sobre todo porque deben poseer competencias personales y profesionales para poder manejar lo material, lo formal, lo actitudinal, lo tecnológico y social, con una visión integral. Estos empresarios deben tener la capacidad de comunicación y colaboración; la habilidad de poner en acción el conocimiento de los cambios políticos, regulatorios, y tecnológicos que la sociedad sufre y que afecta a sus negocios; y el dominio de técnicas de formación y productividad.

El empresario, en la actualidad, ha venido creciendo en un mercado a través de la experiencia y el manejo de ensayos y errores, pues la brecha entre la velocidad de los cambios y la capacidad de actualización todavía es grande. Por ello, la supervivencia de estos empresarios podrá ser dramática con la exclusión de aquellos que no emprendan el camino de la gestión de conocimiento, el camino de la **evolución del conocimiento basado en acción**.

Y este libro es el firme ejemplo de cómo logramos gestionar el conocimiento de varias carreras universitarias, junto con experiencia en el campo laboral en un método de pasos sencillos desarrollados para que usted, en solo 90 días de acción, pueda aplicar ese conocimiento a su organización llevado de la mano de una forma práctica y cómoda.

Para ampliar mejor los conceptos que vamos a manejar, hablaremos sobre caracterizar la Gestión del Conocimiento como la disciplina que se encarga de diseñar e implementar un sistema cuyo objetivo es identificar, capturar y compartir sistemáticamente el conocimiento involucrado dentro de una empresa de forma que este pueda ser convertido en valor para esa organización.

El flujo de información y conocimiento dentro de la organización hace que tanto las organizaciones como los individuos, manejen instrumentos, procesos, funciones y roles que deben ser redefinidos constantemente ante los cambios.

Un negocio u organización inteligente se define como aquella que proyecta el conocimiento tácito que a veces subyace en la conciencia de las personas que lo poseen, en los procesos internos, en las conversaciones entre los integrantes de la organización y este es utilizado sistemáticamente por el mismo negocio. Como resultado de investigaciones, se ha encontrado que la creación de conocimiento es principalmente un producto social más que un proceso individual, cuya gestión requiere ser controlada, administrada y mantenida por la organización.

En el momento en el que las organizaciones toman conciencia del valor de ese conocimiento intrínseco que se genera en cada proceso, persona, acción es cuando se les abre la posibilidad de tratar el conocimiento como otro recurso sobre el que se pueden realizar ejercicios de planificación, estudios de impacto, evaluación y seguimiento, protección sobre el mismo, acumulación y explotación.

Por otro lado, es habitual en la sociedad interconectada en que viven los países más desarrollados admitir que el capital, el trabajo, y la tierra han dejado de ser los recursos básicos y que el conocimiento y la información son actualmente la base principal de sustento de la actividad empresarial y, más aun, es el factor potencial de los cambios internos y externos de las empresas.

Cabe preguntar si alguna vez el conocimiento llegó a tener una importancia relativa menor que el resto de los elementos que intervienen en el proceso productivo de una organización, tanto en la fabricación de bienes, como en la prestación de servicios, dado que cuesta imaginar un desarrollo de capital y de formas más elaboradas de producir sin que haya estado presente el esfuerzo predominante del conocimiento como base de evolución de estos factores.

Ahora bien, un conocimiento sin acción es un desperdicio que cuesta muy caro y deja escapar las infinitas oportunidades que le ofrece el entorno. Este libro es un motor de acción, es la herramienta necesaria para poner en marcha esa cantidad de ideas y proyectos que vienen a su mente y que nunca logra iniciar o concluir.

Lo invitamos a poner su conocimiento en acción.

CAPÍTULO 1 (Día 1)

Iniciando El Desafío

Los desafíos pueden ser diferentes, pero tienen el factor común de ser un reto a lograr, es alcanzar un objetivo sobreponiéndose a diversos tipos de dificultades.

Cuando nos enfrentamos a un desafío, la adrenalina de nuestro cuerpo comienza a moverse y a generar la sensación de competencia. Pero esta competencia es personal, es contra nuestras propias limitaciones, contra nuestras propias creencias, buscando establecer acción bajo un método y una disciplina.

Cuando realizamos coaching o asesoría a nuestros clientes usualmente el principal valor que les establecemos es la **disciplina** y el **compromiso.**

Cuando no existe disciplina ni compromiso es más difícil realizar los desafíos y proyectos, ya que muchas, pero muchas veces parece que existiera un entusiasmo preliminar que va desapareciendo a medida que se presentan los obstáculos.

Cuando se posee la voluntad de realizar un proyecto, y la disciplina de saber que es una carrera que implica tanto velocidad como resistencia, es donde se reconoce conscientemente que el camino que vamos a transitar traerá consigo muchos obstáculos y dificultades que serán parte del proceso de aprendizaje que vamos a establecer en estos 90 días.

Este tipo de desafío puede crearnos emociones temporales, que pueden ser peligrosas si no tenemos clara la meta hacia donde vamos. Lo interesante de comenzar este tipo de desafío es que *usted se autorreconozca como un*

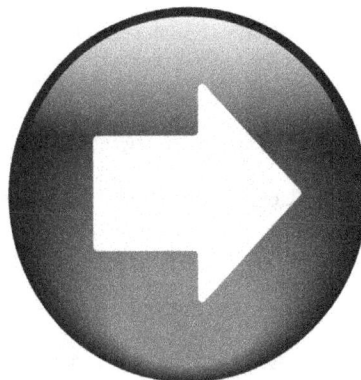

emprendedor en esencia. Es decir, declararse como una persona que por naturaleza propia tiene la capacidad de iniciar y luchar por una meta establecida. El iniciar este tipo de desafío amerita que usted tenga la visión definida de hacia dónde desea llegar en su negocio, y es posible que en este momento esa meta no la tenga totalmente clara o existan limitaciones que le impiden alcanzarla. Lo interesante de esta guía es que le permitirá ir ajustando su lente hacia el objetivo que más le va a favorecer.

Cuando se inicia una empresa, o negocio, las personas están cargadas de una pasión que energiza cada actividad, y si esas actividades están bien planificadas y enfocadas a uno o varios objetivos declarados, será mas fácil el ajuste en el camino y el ahorro de recursos.

¿Qué sucede cuando no posee un plan por escrito?

Esa emoción de iniciar un negocio en ocasiones pone venda en los ojos a los dueños, puesto que poseen toda la información que está almacenada en sus pensamientos así como en sus corazones y sería muy lento y aburrido poner en papel todas esas maravillosas ideas que viajan en su ser.

Es allí donde comienzan los problemas, más aun cuando se tienen socios de negocios, pues cada uno de ellos puede tener un diálogo abierto donde aparentemente los objetivos y principios de cada socio están alineados de manera verbal, pero a la hora de presentarse una situación critica cada uno maneja los valores y objetivos de forma independiente y

diferente, siendo difícil establecer un área común de acción donde puedan observar el panorama del negocio en una misma imagen.

El tener sobre el papel los objetivos y un plan de negocio específico le permitirá a usted entender dónde está y sobre todo hacia dónde va.

Imagínese que usted tiene los planos de su casa en su mente y su pareja y otros miembros de la familia también, pues viven bajo el mismo techo, pero llega el momento en que la familia crece y se debe construir una habitación y un baño adicional. Mentalmente cada uno se imagina un baño con tina, regadera, lavamanos en lugares distintos y sin contar con la realidad física de las ubicaciones de los servicios de aguas blancas, descarga de agua, electricidad, etc.

Entonces cada quien se imagina las piezas de baños en lugares distintos y modelos diversos en la mente; esto es explicado por uno de los miembros al albañil que realizará el trabajo y este, por su experiencia, hará lo mejor que pueda, pues no conoce los planos de la casa.

Cuántas excavaciones tendrá que hacer la persona para encontrar los servicios, cuántos recursos de tiempo, trabajo, dinero, material se perderían por la exploración y hasta qué punto el trabajo final satisfará a cada uno de los miembros de la familia. Tarea muy difícil, es verdad. El simple hecho de poder establecer un plan por escrito como el mapa de la casa le brinda a usted y sus socios una base más objetiva, concreta y clara de dónde están y hacia dónde desean ir en el mundo de los negocios.

El seguimiento

Todo plan que no tiene seguimiento se convierte en una válvula de agua abierta sin control, donde se puede perder completamente todo ese valioso recurso. El seguimiento debe convertirse en parte del hábito o rutina para validar que lo que se está realizando es efectivo y va hacia el logro de los objetivos.

Si usted es el tipo de persona que comienza muchas cosas, pero pocas las termina por completo o cambia de objetivo en la primera falla, este es el momento importante en el que usted aprenderá cómo finalizar un proyecto y reconocer cuándo debe dejar de insistir y cambiar de camino o continuar luchando hasta alcanzar la meta por el mismo camino.

Esa encrucijada de poder reconocer si cambiar o continuar por la misma vía ha sido para nosotros una ardua tarea, pues es una lucha contra la pasión de lo que se quiere hacer y siempre se ha soñado, versus la realidad de un mercado, de una economía, de una situación de negocios. Aquí le vamos a ofrecer el camino del medio, en donde usted no tendrá que abandonar su sueño original pero sí podrá modificarlo un poco, para que se ajuste a la realidad del mercado en el cual desea desarrollar su negocio.

El seguimiento es una disciplina efectiva para poder evaluar, analizar y tomar decisiones oportunas ante las situaciones que se presenten. Tiene que ser rutinario, donde se establezca un patrón común en el tiempo, espacio, cantidad a revisar y el estándar de comparación.

Para el proceso de los 90 días se requiere establecer un plan y agenda en donde cada día se manejarán tareas que deberán ser evaluadas y comparadas con el patrón establecido para así demostrar el avance del proyecto.

Un ejemplo para explicar mejor la idea podría ser que si en la segunda semana se establecen cuatro actividades que deben realizarse y estas implican horas hombre de trabajo, es importante medir cuántas horas hombre se necesitaron para realizar dicha tarea, así como también el porcentaje de cumplimiento diario, para que al finalizar la semana se haga el seguimiento y se determine si se logró por completo el objetivo, si se requieren más horas hombres de trabajo, y posiblemente comparar la productividad de la semana anterior en actividades similares.

Como se puede ver, el seguimiento permite el análisis de cada tarea y permite ajustar su plan inicial para que este vaya de la mano con la realidad. Este plan de 90 días no es una camisa de fuerza donde usted no puede salirse del plan inicial; al contrario, le permite ir moviendo las estrategias y los recursos sabiendo que todo el proyecto debe terminar en 90 días, pero que el seguimiento en cada semana será el termómetro para ajustar los planes y seguir adelante.

Cada organización y persona es distinta, pero el tener este hábito o disciplina de planear y hacer seguimiento en cualquier proyecto, hará que usted pueda ir moviendo las piezas que le permitan cumplir las actividades muy cerca de lo planificado e ir manejando los recursos para alcanzar la meta final.

¿Por qué 90 días?

El hecho de que sean 90 días y no sesenta o ciento veinte, es porque siempre a los treinta días las personas que manejan los proyectos comienzan a conocer realmente el comportamiento de las actividades, el sistema, la gente, cómo se administran los recursos y cómo se utilizan. Para el segundo mes, o sesenta días, ya los ajustes realizados de lo aprendido le permitirán ver los resultados para que en el último mes usted pueda agregar los recursos necesarios para finalizar la gran obra maestra.

Este proceso ha sido probado en distintas áreas, tanto personales, laborales, financieras, de pareja, salud, etc. Y este enfoque ha permitido el alcance de metas y objetivos bajo un método. Lo importante aquí es seguir el método paso a paso pues le permitirá economizar recursos, llámense oportunidad, tiempo, o dinero, que usted pone en juego a la hora de establecer un proyecto.

Hay muchos estudios acerca de los 90 días y de forma natural se puede mostrar que las temporadas de primavera, verano, invierno y otoño tienen esa duración aproximada, y en ese mismo tiempo es donde la naturaleza tiene la capacidad de transformarse, mostrarse y prepararse para la próxima temporada.

Estos ciclos naturales nos enseñan varios principios fundamentales que debemos tomar en cuenta en el proceso:

Principios Naturales

*1.- Los cambios son parte del proceso y deben ser valorados como herramientas de aprendizaje. **"Adaptación"***

La capacidad de adaptación a los cambios del entorno es uno de los primordiales principios de la naturaleza. El poder resistir a los cambios de temperatura, de condiciones atmosféricas, de agentes agresores, ha sido para la madre tierra un verdadero reto. Y a pesar del constante ataque, ella ha podido sobrevivir y mantenerse ofreciendo las temporadas con ciertas variantes, pero no ha decidido cerrar su negocio.

Así como la naturaleza valora esos cambios y los toma como parte del proceso evolutivo, así los empresarios deben comprender que los cambios y obstáculos son parte del negocio y deben darle su valor y aceptación.

*2.- Un servicio o producto puede cambiar su aspecto o contenido a medida que cambia el negocio **sin perder su esencia**.*

Existe un miedo al cambio que nos hace creer que a medida que cambiamos podemos perder la esencia del negocio. Ese temor ha tenido congeladas a muchísimas organizaciones, y el mismo hace que mueran antes de ver la posibilidad de hacer esa variación que no implica perder por completo la identidad original.

Cuando usted tiene bien clara la esencia del negocio, el darle ciertos matices de acuerdo al medio ambiente para poder sobrevivir, no hace que pierda su proyecto o su pasión original. Es como el mimetismo del camaleón, el cual cambia de color según la circunstancia, pero siempre será un camaleón, solo que cambió de color para aprovechar o cuidarse de una determinada situación.

3.- El hecho de que un elemento del negocio no esté funcionando no implica que la totalidad del negocio no funcione. **"Temporalidad"**

Cuando un árbol pierde todas sus hojas por la llegada del otoño, no quiere decir que debemos removerlo, ya que se está preparando para recibir el invierno; el árbol debe soporta el peso de la nieve sin que su tronco fallezca o se derrumbe. Y luego de pasado el invierno comenzarán a salir sus nuevas hojas.

Con ese ejemplo podemos recrear las acciones que se hacen en los negocios a la hora de eliminar un proceso o producto, de eliminar o desaparecer algún elemento de la organización por el simple hecho de que no tiene el mismo aspecto que tenia anteriormente o no está dando el resultado esperado. Para los negocios es importante reconocer qué elementos están en la espera de su temporada y cuáles no. Y reconocer cuáles mantener, cuáles modificar y cuáles eliminar.

4.- Existen épocas para invertir, para guardar, para impulsar, para hacer crecer el negocio. Debemos conocer **los ciclos del negocio** *y entender que no todos los periodos son iguales.*

Es muy importante conocer el ciclo del mercado, y de su negocio. Todo negocio tiene su temporada, tiene su comportamiento en el tiempo, y al conocerlo usted entenderá cuándo es el momento de guardar, producir, o salir a vender, promocionar. No todos los tiempos son iguales y al desconocer este principio podría perder tanto tiempo como dinero, así como las oportunidades.

*5.- Tener **la constancia de insistir, con la paciencia de saber esperar** que las actividades den resultado.*

Pareciera contradictorio la constancia de insistir con la paciencia de esperar, pero allí está un factor fundamental del negocio. La constancia siempre ha sido un valor de éxito pero cuando observamos el crecimiento de una planta, esta requiere la constancia del regado y cuido día a día, pero no podemos decirle *apúrate, crece rápido,* sino que debemos tener la paciencia de maravillarnos cada día con el poquito progreso que ella tiene.

Así funcionan los negocios. Se debe ser persistente y paciente, además de maravillarse por cada mínimo avance diario de las actividades que se logran y los éxitos obtenidos. No existe un tamaño final de la planta así como tampoco existe un tamaño final de su negocio.

*6.- Reconocer los **riesgos naturales** que tiene el negocio y cómo aceptarlos y prevenirlos.*

Existen riesgos naturales inevitables. Lo más importante es poder identificarlos, hacer un plan de prevención, y buscar la manera de minimizar el impacto de ese riesgo, y hasta en algunos casos poder eliminarlo.

El manejo del riesgo de manera inteligente y metódica ayuda mucho a las organizaciones a poder sobrevivir a posibles daños fatales.

Así mismo ocurre con la naturaleza donde se conocen los riesgos a los que pueden estar sometidos tanto la flora, la fauna como los seres humanos, pero eso no nos quita la acción y prevención.

*7.- Monitorear y hacer **seguimiento** bajo un enfoque objetivo y rutinario.*

La constancia de insistir, de la cual hablamos en el principio cinco, debe ser medida y controlada pues es posible que estemos excavando un hoyo en un lugar que no es el indicado y podríamos tener la constancia dirigida sin control y medida haciendo que se gasten los recursos sin ningún beneficio al final del camino. Aquí es importante acompañar estos dos principios con objetivos claros y bajo un patrón de control y seguimiento que permita determinar que los esfuerzos están bien dirigidos.

*8.- **La mejora continua** es un valor que es infinito dentro de los infinitos recursos y oportunidades.*

El creer en la mejora continua hace que veamos las oportunidades de mejorar en cada situación; hace que el lente que observa el entorno pueda percibir la infinidad de recursos con los que contamos. Igual como la naturaleza sabe que puede tomar de la tierra gran cantidad de recursos para hacer que evolucionen distintas especies y estas se van adaptando y transformando en su proceso de evolución o de mejora continua, así mismo usted debe entender que siempre hay una mejor camino y una mejor forma de hacer las cosas y que esto le brinda infinitas posibilidades de lograrlo bajo el concepto de que en la tierra hay infinitos recursos.

AGENDA DE 90 DÍAS

Para la agenda es necesario que usted planifique su semana, día tras día, ya sea en su agenda personal, electrónica, o si bien desea puede usar la forma que está al final de este capítulo.

Lo importante para el desarrollo de la agenda es tener en cuenta que debe ser llevada bajo la toma de registros, sea en digital o en papel y con el respectivo seguimiento. El desarrollo de este libro está estructurado de manera fácil para que usted vaya programando sus actividades a medida que va leyendo cada capítulo.

Usted tiene dos maneras de trabajar este libro. Una es que a medida que usted vaya leyendo el libro, capítulo a capítulo, vaya desarrollando los ejercicios cuando estos vayan apareciendo y cumpliendo con los días que indica el plan en el índice. La otra es que lea completo el material y una vez que finalice cada capítulo coloque su lista de actividades por hacer el formulario **"Lista de Actividades"** y luego proceda a llenar el formulario **"Plan de 90 Días"**. Estas dos formas las podrá ir utilizando a medida que pasa capítulo por capítulo y así dejar el registro de lo que tiene que hacer y cuándo lo va hacer.

Adicionalmente le incluimos una ayuda de seguimiento semanal que le permitirá tener un mejor control y así podrá determinar dónde está la pérdida de tiempo y los problemas de improductividad, formulario **"Plan Semanal de Productividad"**.

Lista de Actividades

En este documento usted podrá tomar nota por capítulos de cada actividad que considere debe ir realizando para alcanzar el objetivo establecido. Además de permitir establecer su prioridad, si es alta o baja, para que luego sea más fácil establecer el orden dentro del plan semanal así como del plan de 90 días. Esta lista puede ir modificándose a medida que va leyendo el libro y sobre todo a medida que vaya colocando información en el **"Plan de 90 Días"** de las actividades en el tiempo, pues le permite agregar, eliminar y/o modificar actividades una vez que las planea.

Plan de 90 Días

El plan está diseñado por día y a su vez usted podrá ir colocando las observaciones del caso, a medida que vaya ejecutando las actividades. Como se mencionó anteriormente este plan es modificable y adaptable al tiempo. Cuando usted va realizando el análisis de su ejecución **"Plan Semanal de Productividad"** este le permitirá manejar mejor los recursos que usted posee y administrarlos de la mejor manera para así alcanzar el objetivo final a los 90 días.

Plan Semanal de Productividad

Este documento permite medir lo planeado versus lo realizado, además de un cuadro de análisis del porqué no está alcanzando las actividades que se han establecido.

El uso de esta forma consiste en llenar este plan el domingo previo a la semana que planifica, en donde establece cada actividad de los siguientes cinco o seis días, pero cada noche debe usted revisar lo ejecutado y enfocarse en lo que no pudo realizar para analizar la causa y reprogramar el día siguiente, quizás cargando los siguiente días de más actividades, ya que no pudo cumplir la meta planeada.

No se desamine la primera semana, pues muchas veces somos ambiciosos y colocamos muchas actividades sin saber nuestra capacidad de respuesta y posiblemente cuando las actividades dependen no solamente de usted sino de un tercero pueden ser más difíciles de culminar.

Esta disciplina semanal le entrenará para ir conociendo mejor sus capacidades, irlas mejorando y a su vez va minimizando su lista de "no realizados" en la segunda o tercera semana. Nuestra experiencia y estadística de los clientes que han usado este método nos demuestran que a partir de la semana cuatro es cuando ya el ritmo del plan se hace más certero y la productividad comienza a incrementar.

Usted podrá observar que colocamos un horario bastante exigente comenzando desde muy temprano en la mañana y finalizando muy tarde. La sencilla razón de esta ajustada agenda es que si usted desea tener su negocio propio productivo en 90 días debe invertir o mucho dinero o mucho tiempo. Y en sus manos está la decisión de tener el dinero para contratar personas que realicen algunas actividades y delegar de forma tal que maneje un horario mas cómodo, o sacrificar 90 días de arduo trabajo y entrenamiento para alcanzar la meta establecida.

Recuerde que solo usted conoce su negocio, solo usted tiene en su mente las ideas y la creatividad, solo usted tiene el desafío de alcanzar su meta, su proyecto. Y todo eso requiere de un esfuerzo "extra". Pregúntele a los grandes empresarios exitosos si el inicio fue cómodo y tranquilo.

LISTA DE ACTIVIDADES

CAPITULO	ACTIVIDAD	ALTA	BAJA

DIA	FECHA	ACTIVIDAD	RESPONSABLE	NOTAS

Plan de 90 Días

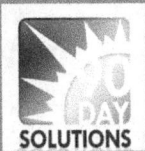

Plan Semanal de Productividad

LUNES	PLAN	NO REALIZADO	PORQUE
7:00 AM			
8:00 AM			
9:00 AM			
10:00 AM			
11:00 AM			
12:00 M			
1:00 PM			
2:00 PM			
3:00 PM			
4:00 PM			
5:00 PM			
6:00 PM			
7:00 PM			
8:00 PM			
MARTES	PLAN	NO REALIZADO	PORQUE
7:00 AM			
8:00 AM			
9:00 AM			
10:00 AM			
11:00 AM			
12:00 M			
1:00 PM			
2:00 PM			
3:00 PM			
4:00 PM			
5:00 PM			
6:00 PM			
7:00 PM			
8:00 PM			

Plan Semanal de Productividad

MIERCOLES	PLAN	NO REALIZADO	PORQUE
7:00 AM			
8:00 AM			
9:00 AM			
10:00 AM			
11:00 AM			
12:00 M			
1:00 PM			
2:00 PM			
3:00 PM			
4:00 PM			
5:00 PM			
6:00 PM			
7:00 PM			
8:00 PM			
JUEVES	PLAN	NO REALIZADO	PORQUE
7:00 AM			
8:00 AM			
9:00 AM			
10:00 AM			
11:00 AM			
12:00 M			
1:00 PM			
2:00 PM			
3:00 PM			
4:00 PM			
5:00 PM			
6:00 PM			
7:00 PM			
8:00 PM			

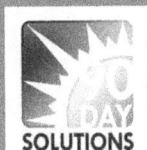

Plan Semanal de Productividad

VIERNES	PLAN	NO REALIZADO	PORQUE
7:00 AM			
8:00 AM			
9:00 AM			
10:00 AM			
11:00 AM			
12:00 M			
1:00 PM			
2:00 PM			
3:00 PM			
4:00 PM			
5:00 PM			
6:00 PM			
7:00 PM			
8:00 PM			
SABADO	PLAN	NO REALIZADO	PORQUE
7:00 AM			
8:00 AM			
9:00 AM			
10:00 AM			
11:00 AM			
12:00 M			
1:00 PM			
2:00 PM			
3:00 PM			
4:00 PM			
5:00 PM			
6:00 PM			
7:00 PM			
8:00 PM			

CAPÍTULO 2 (Día 2)

Diseñe Su Misión, Visión, Objetivos

En esta sección usted podrá dar uno de los primeros pasos que se requieren para establecer su negocio. En muchas ocasiones las personas tienen ideas de hacer un negocio y no encuentran cómo iniciar, otras ya lo tienen andando pero no han establecido un orden y sienten que no tienen control del mismo.

Para ambos casos esta herramienta los guiará paso a paso para lograr establecer esa conexión entre lo que hay en la mente y el corazón del líder, además de darle la acción efectiva para que obtenga un negocio próspero.

El ser humano posee la capacidad de pensar, imaginar y soñar con lo que desea y luego hacerlo realidad, pero si no tenemos herramientas que nos ayuden a hacer realidad ese pensamiento de manera metódica y productiva, podemos sufrir las consecuencias de vivir en un sueño que se nos convierte en pesadilla.

Esta herramienta brindará de manera sencilla las acciones necesarias para que esas ideas que rondan en su mente y que le emocionan, pueda proyectarlas y llevarlas a la realidad.

A usted, como a muchos, le ha pasado que ha pensado en el "negocio perfecto", aquel que se imaginó cuando vió una necesidad en el mercado, un producto o servicio que no está siendo mercadeado y piensa que debería ser un éxito. Pero pasan los meses o días y se tropieza con que alguien lo hizo, y se dice: *"eso lo había pensado yo…"*. Sí, pero no tomó la acción.

Posiblemente no tomó la acción porque no tenía las herramientas, no tenía el coraje, no tenía el tiempo, o el dinero. Todas son excusas a partir de ahora, pues con esta información usted se dará cuenta de que no hay limitantes para iniciar un negocio. Todas esas limitantes están en su mente.

Primeramente debemos conocer qué es lo que realmente usted vino a hacer a este planeta. ¿Cual es su misión de vida? ¿Conoce cuáles son sus talentos y habilidades? ¿Conoce cuál es su pasión?

Preguntas que parecen fáciles, pero a las que debemos dedicarle el tiempo necesario para poderlas enlazar con lo que usted está haciendo actualmente y con lo que desea hacer.

Una gran cantidad de personas que tienen su negocio propio lo iniciaron porque en algunos casos lo heredaron, porque se les presentó una oportunidad inesperada, porque alguien los invitó y les pareció interesante unirse al proyecto, etc. Pero existe otro grupo de los que siempre tuvieron un sueño, tuvieron en su mente y su corazón la esperanza de hacer algo que les apasionaba, algo que les emocionaba, algo que sabían que era *su misión de vida.*

Le brindaremos unos consejos que le permitirán conectar eso que usted tiene en su ser con lo que su organización hace o requiere hacer:

1.- Determine los talentos, habilidades, y conocimientos que posee.

2.- Especifique qué cosas le apasiona hacer.

3.- Según sus talentos, habilidades y conocimientos, ¿cómo se relacionan con su pasión?

4.- ¿Qué cree usted que vino a cumplir en este planeta?

5.- ¿Qué es lo que usted desea hacer en su empresa o proyecto de trabajo?

6.- ¿Cuáles son sus necesidades personales y las del negocio?

7.- ¿Cuáles son sus valores personales y de negocios?

8.- Relacione qué valores se conectan de manera positiva o negativa con sus necesidades.

Antes de contestar cada pregunta es importante que entienda los elementos que se manejan en este ejercicio. A continuación explicaremos más detalladamente, de forma tal que pueda hacer un excelente trabajo de análisis y documentación. Una vez que usted ha desarrollado estas preguntas, podrá tener más claro el panorama, y saber si su misión de vida se ajusta a su misión de negocios.

Recuerde algo muy importante: cuando los héroes de las películas tienen que cumplir su misión, nunca están desmotivados, no se cansan, no protestan, no se quejan, no hay excusas ni obstáculos que no puedan manejar para lograr su misión. Y mientras van enfrentando los problemas, luchando contra los enemigos, cada obstáculo se convierte en una aventura donde ese héroe no se da por vencido hasta lograr su objetivo.

Lo invitamos a descubrir su misión de vida. Póngase la capa de superhéroe para que se conecte consigo mismo y pueda alcanzar todo lo que desea.

1.- Determine los talentos, habilidades, y conocimientos que posee.

Es importante reconocer la diferencia entre estos elementos, pues pueden parecer similares, pero no lo son. El conocimiento es saber algo y la habilidad es saber cómo hacerlo.

Cuando hablamos de conocimiento hacemos referencia a la información teórica adquirida sobre un tema; es esa información aprendida a través de la lectura, entrenamiento o cualquier medio de formación.

Por otra parte, las habilidades son las capacidades prácticas de aplicar el conocimiento adquirido. En algunos casos las habilidades pueden ser innatas, pues hay personas que han desarrollado habilidades sin estudios previos, quizás observando o simplemente intentando bajo el ensayo y el error, logrando así desarrollar un habilidad específica.

Cuando hablamos de talento, se puede decir que es parte de la combinación de las dos definiciones anteriores, donde se unen la capacidad de la persona en entender de manera inteligente la forma de resolver situaciones, con sus habilidades, destrezas, conocimientos, experiencias y aptitudes propias.

Tener los términos claros en cuanto a describir cada talento, habilidad y conocimiento que usted posee, le dará los fundamentos necesarios para poder conocerse mejor usted y poder entender las herramientas de las que dispone.

Vea lo importante de esta parte de su autoanálisis, pues el hecho de desconocer o no concientizar las habilidades que tenemos, nos puede hacer el camino más difícil de transitar. Pues cuando sabemos realmente quiénes somos, podemos conocer mejor nuestras debilidades y fortalezas. Así podrá usted determinar las áreas que debe mejorar y aquellas que debe aprovechar con mayor facilidad.

Imagínese una persona que tiene miedo escénico de hablar en público, pero desea ser un famoso escritor de libros, ya que posee muchas buenas ideas y no es necesario enfrentarse a grandes grupos para escribir libros. Eso está bien, pero a la hora de vender el libro una de las técnicas es mediante seminarios, talleres, conferencias, etc. Y allí esa persona tiene la opción de desarrollar un talento nuevo o subcontratar a una persona para esa actividad.

Con este ejemplo no queremos decir que el hecho de no tener algún conocimiento y/o habilidad le limita en la realización de su proyecto o misión de vida. Lo que queremos explicar es que al reconocer quién es usted, le permite tener más claro el escenario de sus ventajas y desventajas a la hora de establecer su misión de vida.

Cuando las personas reconocen sus talentos pueden llegar a ser superhéroes más rápido y fácil. Yo conozco personas que tienen una habilidad innata de conectarse con otros cuando se comunican y pueden vender lo que sea, ya que tienen ese don que los hace únicos a la hora de presentar un producto o servicio. Ese tipo de personas puede llegar muy lejos en el área en la que reconocen tener la habilidad, pues el hecho de saber qué talentos tienen y sobre todo **creer** en su propio talento les da la potencialidad que necesitan para alcanzar el éxito.

Una manera sencilla de realizar este análisis es recordando un poco las actividades que se le hacen fácil realizar y de las cuales las demás personas reconocen que usted las ejecuta muy bien.

Otra forma es evaluar el conocimiento adquirido en todos los años de vida que usted tiene, así como la experiencia obtenida. Hay personas que tienen veinte años trabajando como asistentes o técnicos en algún taller de maquinarias y no reconocen todo el conocimiento que dominan en el área mecánica, eléctrica, de piezas, la cantidad de entrenamiento recibido, etc.

Evalúe, sea minucioso en revisar toda su trayectoria tanto en conocimiento, como en talento y diseñe un documento completo que ilustre realmente quién es usted y lo que posee. Al final del capitulo puede utilizar el formulario **"Determina tus Competencias"**.

2.- Especifique qué cosas le apasiona hacer.

Reconocer qué cosas nos apasionan es una tarea interesante. Le vamos a llevar de la mano para que descubra esa actividad que le mueve las fibras de su ser; esa actividad que usted puede realizar con toda la emoción, enfoque y energía. Le recomendamos, como en todas las actividades de este libro, que tome nota, que escriba, pues a través de la escritura usted podrá drenar ese cúmulo de información que debe ser organizada y procesada para ponerla en acción.

La mejor manera de conducirlo a descubrir su pasión será respondiendo las siguientes preguntas:

- Piense ¿qué actividad realiza en la cual el tiempo pasa y usted no se da cuenta?

- ¿Qué estaría dispuesto a hacer sin que le pagaran ningún centavo?

- En este momento ¿qué elegiría hacer el resto de su vida?

- Si muere y tiene la oportunidad de regresar ¿qué volvería a hacer?

- ¿Qué actividades realiza que disparan su creatividad y le emocionan?

- Recuerde aquellos momentos cuando hace algo que le genera alegría, lo hace brincar, lo energiza y produce felicidad

Una vez que responda con sinceridad esas preguntas se podrá ir enfocando más hacia el camino que desea recorrer. Tome su tiempo cuando esté respondiendo estas preguntas, puede que las ideas vayan aflorando en su mente y pueda reactivar su pasión.

3.- Cómo se relacionan sus talentos, habilidades y conocimientos con su pasión.

En este paso del ejercicio es importante que ya tenga escritos los pasos uno y dos pues en este momento deberá relacionar su pasión con sus habilidades, talentos y conocimientos.

La mejor forma de hacerlo es que realice una tabla comparativa donde enumere sus conocimientos, habilidades, talentos y las actividades que le apasionan. De esta forma podrá ir relacionando cuáles son comunes y cuáles puede utilizar mejor para convertir en acción su pasión. Pues el tener una pasión sin acción se convierte en una frustración, que hace más daño con el paso de los años si no se lleva a cabo. Vea lo importante que es esta actividad para su vida personal así como de negocios, financiera, familiar, profesional. Aquí usted puede descubrir qué es lo que está pasando en su vida que no termina de consolidar para ser exitoso en lo que realmente quiere.

Es posible que esté leyendo este libro y viendo los ejercicios y pensará: *no tengo el tiempo de estar contestando y mucho menos escribiendo esa cantidad de preguntas, necesito resolver mi problema de negocio, mi problema financiero.* Y en consecuencia no sigue los pasos que aquí se indican, y tiempo después puede que se pregunte por qué está en el mismo lugar que antes, por qué no avanza en los negocios.

Observe si el seguir instrucciones es un problema para usted, pues en la mayoría de los casos esto representa el mayor obstáculo a la hora de mejorar cualquier área de su vida.

El tener identificados los recursos con que se cuenta a la hora de establecer un negocio es prioritario y uno de los principales recursos es el conocimiento del negocio que desea establecer. Imagínese que va a instalar un laboratorio de células madre tomadas de la placenta de los bebés al nacer, pero usted no tiene ni la más remota idea de cómo se hace, qué beneficios tiene, y ni siquiera le gusta la medicina. Está tratando de desarrollar algo que por más motivación y entusiasmo que tenga no le garantiza que vaya por buen camino. A menos que sea simplemente un inversionista del negocio.

Para el análisis de esta actividad debe resaltar aquellos casos que tienen relación, y debe buscar cuáles pasiones no tienen ninguna relación con sus talentos. De esta forma tomará la decisión de trabajar y desarrollar nuevos talentos, o simplemente se dedicará solo a las actividades que le apasionan y para las que tiene el talento, el conocimiento y las habilidades.

Debe ser honesto consigo mismo y no abarcar muchas actividades contradictorias pues es allí donde la energía se disipa y donde la improductividad sale a flote derrumbando proyectos, planes y pasiones.

4.- Qué cree usted que vino a cumplir en este planeta

Puede sonarle un poco extraño el preguntarse qué vino a hacer a este planeta, pero este tipo de pregunta nos hace tener la introspección de analizar un poco nuestra misión de vida. La razón y la causa por la cual estamos aquí con las habilidades y talentos que poseemos. Además de los conocimientos adquiridos en el camino, esta mezcla de quién es y cuál es el objetivo que debe cumplir, le abre puertas en su mente para que aparezcan respuestas que muchas veces son muy obvias, pero no las podemos ver.

Describa con detalle cuál es la razón por la que usted esta aquí en el lugar, país, ciudad, comunidad donde pertenece, con toda esa carga de información y conocimiento que posee.

El comenzar a escribir acerca de esto le permite dar los primeros pasos para identificar su misión de vida. Y posteriormente debe enlazar esa misión de vida con la misión del negocio.

Le vamos a ayudar con algunas preguntas personales para que así tenga las bases que facilitarán la realización de la misión de la organización. Usted no puede desasociar ambas misiones pues eso no permite que fluya la razón fundamental del negocio que usted está estableciendo.

Permítanos darle el siguiente ejemplo y así podrá ver la forma cómo conectar la información para crear una misión de una organización.

En el caso de Lisett, ella tiene el talento nato de la negociación, su pasión por encontrar la unión de los recursos con las necesidades de manera proactiva la hace una experta negociadora. Adicionalmente se ha entrenado por muchos años como ingeniero en información, máster en ingeniería industrial, lo que le da las herramientas para el manejo de la información, los procesos, la innovación, la tecnología, entre otros. Basados en esos elementos y su pasión por crear soluciones se establece la empresa *90Daysolutions Llc*, la cual ofrece los servicios de asesoría, entrenamiento y reingeniería de los negocios. Esa mezcla de conocimientos, habilidades y experiencia hace que la **misión de vida** junto con la misión de la organización trabajen juntas para un mismo objetivo. Y cuando determinamos para quién estamos trabajando se abren las oportunidades de ver claramente nuestros potenciales clientes.

Preguntas:

- ¿Qué hacemos bien como personas?
- ¿Qué buscamos con lo que hacemos?
- ¿Dónde lo hacemos?
- ¿Por qué lo hacemos?
- ¿Para quién lo hacemos?
-

Respondiendo esto de manera personal puede que ya vaya mezclando esa información con las actividades de su negocio, y eso está bien pues más adelante estas mismas preguntas aplicarán para determinar la misión de su negocio.

La misión personal puede estar descrita en una o varias frases; simplemente contestando estas preguntas ya usted reconoce cuál es su misión de vida y qué es lo que usted vino hacer aquí al planeta.

No se asombre si en este ejercicio descubre nuevas cosas, nuevas ideas, y hasta nuevos caminos distintos al que había pensado anteriormente o estaba transitando con su actual negocio. Este es el momento del descubrimiento de usted mismo y de sus talentos puestos en acción como fuerza impulsadora para alcanzar efectivamente el éxito deseado.

Los seres humanos se rediseñan constantemente, se pueden re-crear, reiniciar. Permítase la oportunidad de comenzar con un nuevo proyecto, un nuevo estilo de vida. Una nueva temporada, un refrescamiento de su vida cotidiana, y no importa la edad que tenga, permita ese cambio en esta vida, pues todavía no sabemos qué va a pasar en la próxima.

5.- Qué es lo que usted desea hacer en su empresa o proyecto de trabajo.

En este momento ya con toda la información detallada de manera personal podemos enfocar la artillería al negocio. ¿Ese proyecto de empresa o esa empresa en donde usted está trabajando le permite cumplir su misión de vida?

La empresa a la cual usted desea desarrollar la misión y visión debe tener especificado cuál es el servicio y/o producto que ofrece. No importa qué tipo de organización usted tiene, lo importante es describir de manera especifica a qué se dedica y ahora podrá determinar lo que hace en comparación con lo que desea hacer.

La misión de una organización es un anuncio público, que debe estar a la vista de todos y en especial a la vista de los dueños de la organización, los trabajadores, los clientes, los proveedores y el público en general.

Es esa bandera que simboliza poder, decisión, claridad, enfoque, dirección, orden, y por qué no decirlo, da la sensación de desafío, de retos. Ya que es el anuncio para todo el mundo de que <u>sabemos quiénes somos y hacia dónde vamos.</u>

Cuando las organizaciones conocen, saben, siente, respiran y vibran reconociendo <u>quiénes son</u> y <u>hacia adónde van,</u> la energía que se mueve es mucho mayor, y la productividad se evidencia con hechos.

Desarrolle su misión del negocio.

Para el diseño de la misión de la organización simplemente debe contestar las mismas preguntas del punto cuatro, pero enfocadas a su empresa o proyecto.

A continuación se las colocamos nuevamente con el enfoque de negocio para que así usted describa la misión de la empresa. La redacción de la misión ha sido por muchos años tema de discusión entre consultores de negocios, dueños de empresa, auditores, etc. Pero la forma como usted la redacta no es lo importante aquí, lo importante es la información que contiene. Es por ello que recomendamos escribirla con la información que le estamos preguntando, y otro punto importante es la publicación de la misma.

Preguntas:

* ¿Qué hacemos bien como empresa?
* ¿Qué buscamos con lo que hacemos?
* ¿Dónde lo hacemos?
* ¿Por qué lo hacemos?
* ¿Para quién lo hacemos?

Usted podría encontrar en la internet mucha información de cómo se debe escribir una misión, pero lo esencial aquí es que contenga la información clara de lo que hace, cómo lo hace, por qué lo hace y para quién. Siendo este el fundamento para luego realizar la visión.

Desarrolle su visión de negocio.

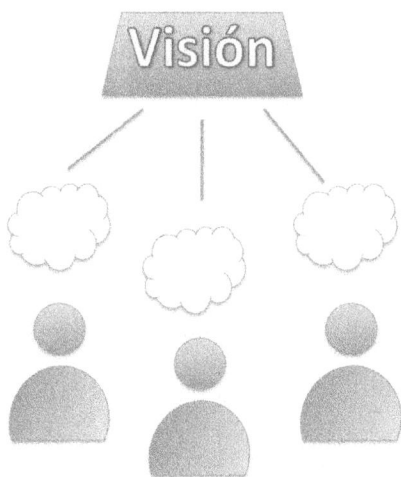

Cuando usted estaba respondiendo las preguntas anteriores es posible que existieran actividades que usted no está haciendo actualmente y que en su plan del negocio deben esperar un poco más de tiempo para que sean implementadas, ya sea a mediano o largo plazo. Esa declaración de aspiración de lo que usted visualiza y desea en el futuro de su empresa, es lo que se va a desarrollar en la visión del negocio.

Lo importante es reconocer y diferenciar entre lo que somos y hacemos (misión) y lo que deseamos ser y deseamos hacer (visión). Colocar estas dos declaraciones juntas permite tener el plan a futuro. Es la capacidad de poder saber dónde estamos parados y hacia dónde se va a dirigir la organización.

La mayoría de las cosas en la vida fueron creadas primero mentalmente, luego fueron visualizadas y plasmadas en papel, y finalmente se crearon físicamente. El poder de visualizar se convierte en la estrategia de creación de las organizaciones. La visualización creativa consiste en tener una imagen de lo que se quiere para la organización y esta imagen es recreada por la mente de los participantes del proyecto o negocio. De tal manera que cada quien participa en el intercambio de ideas de cómo quieren proyectar la organización a futuro, y una vez que todos compartan su aporte, es plasmada en papel para que sea más fácil establecer objetivos y planes para alcanzarla.

Para el diseño de la visión es recomendable que participen los integrantes del proyecto y personas allegadas, pues el punto de vista de un tercero muchas veces ayuda a crear ideas frescas que benefician a la nueva visión de la organización.

Fundamentados con la información de la misión que ya tienen desarrollada, ustedes pueden generar las nuevas ideas y ayudarse con las siguientes preguntas:

- ¿Cuál es la imagen deseada de nuestro negocio?
- ¿Cómo seremos en el futuro?
- ¿Qué haremos en el futuro?
- ¿Qué actividades desarrollaremos en el futuro?

Una vez que usted tenga la misión y visión establecida ya será mas fácil establecer los objetivos y la estructura organizacional, que será, en pocas palabras, lo que quiere hacer y con quién lo va a hacer.

6.- Cuáles son sus necesidades personales y del negocio.

En algún momento ha escuchado sobre la famosa pirámide de Maslow en donde se manejan las necesidades de los seres humanos. Esta pirámide es muy sencilla y se basa en demostrar que los niveles de necesidades van desde la más básica hasta una superior. Esta escala tienen una razón lógica de ser y a medida que usted va superando los niveles podrá ir alcanzando los siguientes.

Estos niveles de necesidades son fundamentales para entender algunos detalles que pueden hacer fracasar su negocio, y más aun fracasar el proyecto de los 90 días.

Si las necesidades básicas de alimento, seguridad y salud no están cubiertas, es muy difícil que el ser humano tenga la misma disposición de generar nuevas ideas, aplicar la creatividad, e implementar nuevos retos si lo fundamental todavía no está cubierto.

Pero no solamente hemos tocado esta teoría de las necesidades por los niveles, sino porque podemos utilizar esta clasificación para ayudarlo a usted a determinar cuáles son sus necesidades personales y las necesidades de su negocio.

Como puede observar, toda la información que vamos hilando se vincula y tiene una secuencia lógica que le permite establecer un sistema con basamentos sólidos y sustentables. El relacionar la misión personal con la misión de la organización permite observar que usted está caminando por la vía correcta, y vincular las necesidades personales con las necesidades del negocio le permite direccionar el camino a los objetivos deseados y necesarios.

Realice una lista de las necesidades personales que usted tiene en este momento; puede apoyarse en la figura de la pirámide, donde podrá ir desde la alimentación, descanso, pasando por la seguridad, el afecto, la confianza hasta llegar a la autorrealización. Una vez que escriba la lista es importante que la enumere en base a su prioridad de manera que pueda tener un orden de mayor a menor, según su importancia.

Posteriormente haga una lista de las necesidades de la organización, y de igual forma una vez que las coloque enumérelas de mayor a menor importancia. Una vez que ambas listas están completas seleccione las tres principales necesidades de ambas listas y verifique si hay similitud o no.

Este ejercicio le mostrará la afinidad en cuanto a las necesidades de ambas áreas para que así usted pueda determinar si los objetivos que debe plantearse van a estar en la misma dirección.

Las necesidades son responsables de *activar emociones* que pueden impulsar el negocio o destruirlo. Las emociones son un factor importante que muchos empresarios manejan con inteligencia pues en la toma de decisiones tienen un papel fundamental que le puede hacer ganar o perder. Cuando las necesidades se alinean con los valores y no se contraponen es cuando la armonía aparece y las fuerzas de resistencia se minimizan.

7.- Cuáles son sus valores personales y de negocios.

Los valores existen tanto en los hogares, familias, sociedad, así como también en los negocios y organizaciones. Los valores son creencias fundamentadas que caracterizan al ser humano al momento de pensar, elegir y actuar en un momento dado. Los valores son el termómetro de nuestra conducta, y forman un patrón de comportamiento dentro de cada círculo personal, familiar, social y laboral. Cuando los valores están claramente definidos y establecidos, es más fácil entender las causas y razones del comportamiento de las personas en cualquier situación.

Existen personas que tienen valores tan fundamentados que sus decisiones son basadas netamente en ese patrón de creencia, sea beneficioso o no para ellas o para su entorno. Ese patrón son los lentes por donde usted observa al mundo y donde la interpretación del mismo se fundamentará de igual forma.

En las organizaciones, los valores han sido pilares fundamentales que han sostenido a empresas por muchos años. Existen empresas que tienen muy bien fundados los valores y que a pesar de existir valores contrapuestos en la sociedad que los rodea, o valores contrapuestos de los trabajadores o empleados, o el país donde se establece la empresa, siempre que estén bien fundamentados podrán mantener la integridad de la organización. Es asombroso cómo hemos conocido empresas que han pasado por crisis económicas, políticas, sociales y mantienen los valores en alto para así ser un centro de transformación de las personas que pertenecen a la organización.

El punto de análisis aquí es conocer que los valores personales no están en oposición con los valores de la organización. Para hacerles esto más sencillo les presentaremos un ejemplo: vamos a suponer que los socios de una organización tienen el valor de la honestidad como número uno en su lista de valores, pero han creado una organización cuyo principal cliente es el gobierno de un país donde los niveles de corrupción son muy altos. Al momento de presentar el producto o servicio a su único cliente deben actuar de forma contraria al valor principal de la organización. En ese momento deben tomar la decisión de cambiar el enfoque de la empresa hacia el sector privado donde el valor no se vea afectado, pues funcionar de manera contraria a los valores de la organización hará que tarde o temprano esta se destruya.

Vea lo interesante de poder establecer esa lista de valores personales y valores de la organización, y manéjela de igual forma como lo hizo con las necesidades. Enumérelas de mayor a menor y compare los tres primeros valores de cada lista. De esta forma usted puede observar y manejar la información para que ambas listas puedan funcionar en sincronía y así no crear conflictos, que muchas veces creemos que son simples, pero se convierten en un enemigo silencioso que tarde o temprano explotará y destruirá a la organización o a los integrantes de la misma. Es allí cuando surgen las enfermedades, el estrés y termina teniendo un lugar poco agradable donde se siente obligado a estar y no es placentero trabajar.

8.- Relacione cuáles valores se conectan de manera positiva o negativa con sus necesidades.

Cuando realice las listas tanto de necesidades como de valores es necesario un análisis detallado para establecer si alguna de las necesidades que usted tiene en su organización o necesidades personales se conectan de manera positiva o negativa con los valores.

Hablemos primero de los valores y los llamados antivalores. Esto se refiere a aquellos valores que fueron programados en nuestra mente y nuestras creencias de manera positiva, pero la forma como fueron interpretados generó un aspecto negativo que es llamado antivalor.

Para explicar mejor el punto le presentamos el siguiente ejemplo: cuando el padre y la madre le indican a los hijos la frase: *"los niños grandes no lloran",* con ello están buscando formar un valor de fortaleza, de tener la madurez de enfrentar las cosas de manera valiente pero al mismo tiempo dicha frase expresa limitación de sentimientos y emociones. En consecuencia esos niños relacionan en su mente que el hecho de expresar sus emociones los convierte en personas débiles y entonces se cierran y no comparten sus sentimientos y experiencias, bloqueando un área emocional, pues piensan que mientras menos sienten es mejor.

Es importante entonces verificar esos valores creados en nuestra mente y en las organizaciones con frases que puedan ser interpretadas negativamente y pueden a su vez generar conflictos con las necesidades que la organización o los integrantes de la organización poseen.

Existen valores que pueden tambalearse en la presencia de algunas necesidades y es allí donde este capítulo del libro quiere brindar un gran aporte al lector, pues un dueño de negocio puede tener fuertes valores fundados en base a no pedir ayuda, no aceptar dinero o crédito y su organización necesita un financiamiento para poder continuar funcionando. Es allí donde los valores deben revisarse pues como objetivo organizacional la empresa debe generar ingresos, ganancias y ese tipo de valor puede estar bloqueando el progreso de su organización en algunos casos, o en otros puede estar cuidando o protegiendo a la organización.

Esta es un área muy interesante y delicada que con la ayuda de los documentos desarrollados, reuniones de análisis, e interpretación, usted podrá entender qué aspectos están frenando el crecimiento de su organización o la están colocando en riesgo.

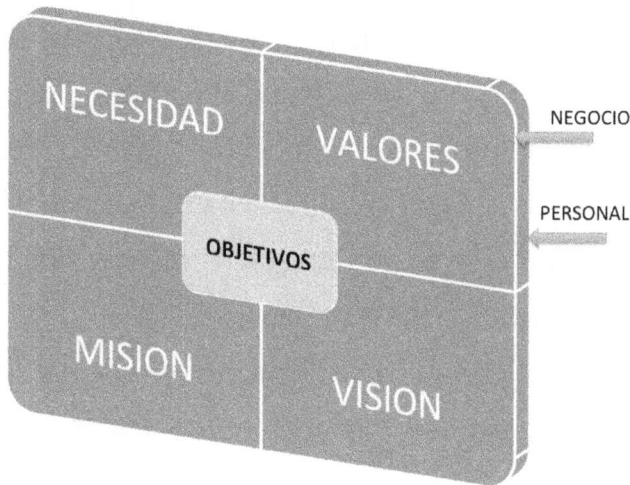

En el siguiente cuadro es importante observar que tanto la misión, visión, necesidades y valores deben ser revisados de manera personal y organizacional para poder fijar unos objetivos claros y alcanzables.

OBJETIVOS

El establecimiento de objetivos es una tarea clave en la cual se deben considerar algunas premisas básicas para poder declararlos, implementarlos, medirlos y cumplirlos.

Los objetivos son metas que se establecen y deben ser alcanzables, medibles, entendibles y sobre todo deben tener responsables, pues nos hemos tropezado con organizaciones que tienen declaraciones de objetivos muy bien diseñados, con métodos de medición y seguimientos infalibles, pero con la debilidad de que los responsables de cumplir las actividades que permitan alcanzar los objetivos no están complemente claros.

Allí es donde un objetivo común como el cumplir la atención del cliente en cualquier parte de la organización se convierte en un misterio distribuido entre todos, pero sin un líder o responsable de velar por la medición o cumplimientos de ese objetivo.

Cuando se establecen los objetivos, es porque ya se tiene definido hacia dónde va la organización. Por eso es tan importante conocer la misión y la visión pues sobre esa base es que se diseñan las actividades, tareas y acciones que permiten lograr los objetivos.

Los objetivos deben tener los siguientes elementos en su declaración:

1.   Describir de manera clara, sencilla y entendible lo que se pretende alcanzar.

2.   Establecer una meta donde se pueda medir el logro del objetivo planteado.

3.   Declarar un plazo de realización, periodo, tiempo.

4.   Establecer los responsables del objetivos y el líder.

5.   Establecer los periodos de evaluación y medición del objetivo.

6.   Realizar el monitoreo con el método o patrón de medición establecido.

7.   Comparar con las mediciones anteriores y realizar análisis del comportamiento.

8.   Establecer ajustes y métodos para mejorar el cumplimiento.

9.   Documentar todos los pasos anteriores para generar los registros necesarios que permitan evidenciar el progreso, cumplimiento y seguimiento del sistema de su organización.

Determina tus Competencias

TALENTOS	HABILIDADES/ DESTREZAS	CONOCIMIENTOS	ACTITUDES	PASION

CAPÍTULO 3 (Día 7)

Desarrolle Su Planificación Estratégica Del Negocio

La planificación estratégica le permite a usted conjugar toda la información que hemos venido desarrollando en el capítulo anterior en un plan de acción para lograrlo. Este viaje que hemos hecho entre lectura, análisis y el llenado de formas son la base para la construcción de la planificación estratégica. Con una visión global de la organización usted puede tener una buena administración de cada uno de los procesos y recursos. Además, permite cambiar su enfoque de las actividades que realiza día a día dentro de su organización y le proporciona un esquema de percepción global para orientarlo hacia dónde va a llegar.

Para poder lograr un buen plan estratégico es necesario que cada uno de los integrantes de la directiva de la organización estén presentes y participen de manera interactiva, sabiendo que este paso implica tiempo y dedicación, pero que los beneficios que se obtienen son de gran ayuda para el negocio.

Es importante que cada uno de los socios prepare la información de manera independiente y luego esta, ya documentada, sea discutida en sesiones de trabajo conjuntas.

Esta actividad permite confrontar las ideas y conceptos que cada uno de los integrantes de la organización tiene sobre el negocio, ya que en el capítulo anterior usted logró determinar cuál es la visión, misión y objetivos de su organización.

En esta parte se recomienda que cada uno de los socios o personas que trabajan en la toma de decisiones de la organización responda a las siguiente preguntas:

Preguntas para los integrantes de la organización.

1.- ¿Quiénes somos como organización?

2.- ¿Qué capacidad tenemos?

3.- ¿Qué podemos hacer?

4.- ¿Cuál es el principal problema que estamos tratando?

5.- ¿Cuáles son nuestras principales fortalezas y recursos?

6.- ¿Cuál es nuestra prioridad ahora?

Una vez que cada integrante ha descrito su punto de vista en las respuestas a estas preguntas, deben reunirse y compartir esta información para integrarla en un solo documento.

Si al momento de la reunión existe diversidad de enfoques, es normal y beneficioso porque eso permite que cada uno pueda expresar su visión de la organización y pueda ajustar el lente hacia un mismo camino.

Esta actividad se debe realizar con la actitud y disposición de saber que no debemos rechazar las diferencias, sino valorarlas como entrada de nueva información que permite nutrir la variedad de elementos que puede contener un negocio.

En muchas ocasiones las personas se enfocan en defender un punto de vista más por el hecho de tener la razón que por el tema mismo que se está tratando. Es importante tener en cuenta este principio a la hora de realizar esta actividad y mantener una actitud adulta y enfocada al beneficio de la organización.

Cuando las personas desean desarrollar un negocio o ya lo tienen y quieren que este crezca, la actitud debe ser la de tomar las decisiones que beneficien más al negocio que a los aspectos personales e individuales de cada integrante; es uno de los primordiales valores que se deben establecer. Es conocido que las personas tienen cargas emocionales que quizás sean la fuente de las diferencias y discusiones dentro de una organización, pero esas emociones no necesariamente deben desaparecer sino, al contrario, deben ser dirigidas a generar beneficios al negocio.

Desarrollo del DOFA

El significado de las iniciales DOFA o FODA, como lo quieran ordenar, es Debilidades, Oportunidades, Fortalezas, Amenazas.

Esta técnica es muy antigua, pero muy fácil de manejar, para que las personas puedan visualizar de manera práctica cuáles son las áreas fuertes y/o débiles del negocio, así como las oportunidades y amenazas del entorno.

Para el desarrollo de esta técnica es recomendable el uso de un facilitador externo, debido a varias razones que a continuación enumeramos:

Razones por las cuales tener un consultor

1.   Que exista una persona independiente fuera de la organización, preferiblemente un

consultor con experiencia para el manejo objetivo de los puntos a tratar sin que los aspectos emocionales puedan influir en el resultado de la información.

2.   Que los integrantes de la organización se sientan libres de opinar sin que exista presión por el hecho de que la reunión la esté liderando un socio del negocio.

3.   Que la persona externa tenga las habilidades de manejo de conflictos y negociación, para así hacer sentir al grupo cómodo y proactivo.

4.   Que el consultor maneje bien las herramientas del DOFA para que pueda sacar provecho de cada aspecto a evaluar y pueda así guiar mejor a los integrantes de la organización.

5.   Que tenga una visión fresca y no parcializada por desarrollar un aspecto de preferencia, ya que no existirían intereses internos involucrados.

6.   Alguien con experiencia y profesionalismo que maneje la información con objetividad e integración.

FACTORES EXTERNOS

En cualquier tipo de organización existen factores internos y externos que afectan directamente al funcionamiento de los negocios. Comencemos analizando los factores externos que pueden influir:

Demográfico: Viene a representar la estructura y la dinámica de las poblaciones, así como la formación, la conservación y la desaparición de las mismas. Este análisis demográfico permite observar el comportamiento de la población para así poder entender cómo su negocio puede satisfacer las necesidad de un mercado local o no local, bajo los datos cuantitativos de fecundidad, mortalidad, emigración e inmigración, etc.

En esta sección usted debe conocer en qué área demográfica desea posicionar su negocio para así conocer el alcance, comportamiento y tener claro cuáles serían las oportunidades y amenazas que tiene su negocio en el área que desea desarrollarse.

Económico: Los aspectos económicos se refieren tanto al área donde se encuentra la organización así como aquella donde se encuentran los clientes. Es importante reconocer qué situación económica existe en el entorno para poder así valorar mejor el producto y/o servicio que la organización ofrece.

El tener en cuenta la situación económica en la cual se encuentra el negocio así como el servicio o producto que ofrece, y el segmento del mercado al que está dirigido, es muy importante. Pues reconocer en cuáles estratos socioeconómicos está enfocado, y manejar la capacidad económica que tiene el potencial cliente para adquirir el servicio o producto puede ser un aporte importante en la planificación estratégica de la organización.

No solo esta información es relevante para conocer el mercado sino también para el manejo de los costos de mano de obra, materia prima, servicios asociados a la producción y prestación de servicio. Este análisis permite evaluar la cadena productiva para determinar cualquier tipo de ajuste que minimice los costos y poder ser más competitivos en el mercado.

Social: Esta área está muy relacionada con la combinación de lo económico y lo demográfico, pues vienen a ser esos aspectos de comportamiento social los que van surgiendo a medida que la economía influye en el comportamiento de una sociedad. Unido esto a las regulaciones, aspectos legales y sistemáticos que influyen en el entorno y que pueda ser elemento que afecte el comportamiento de una sociedad a la hora de adquirir el servicio o producto que su organización ofrece.

Este análisis del comportamiento social va muy de la mano con la moda, los medios, los gustos de la sociedad, y se relaciona también con la cultura, raza, estilo de grupos hacia donde va dirigido el servicio o producto que usted ofrece.

Político: En los aspectos políticos se refiere a como afecta el tipo de gobierno y sus regulaciones en cuanto al tipo de negocio que usted tiene. Así como cualquier tipo de políticas sociales que afectan la conducta de la sociedad y pueda impactar en sus clientes, empleados, proveedores y en si a las actividades del negocio.

Cultural: Se refiere a las conductas, gustos, costumbres de grupos de personas o miembros de una comunidad, región o país. Cuando nos referimos a la cultura en los negocios, consiste en determinar las creencias, pautas y saberes de la región donde nuestro servicios y productos se van a mercadear, así como los medios materiales que utilizan, tecnología, comunicación, y estilos de manejar las situaciones en general.

Es importante conocer muy bien la cultura del área donde deseamos proyectar nuestro negocio, pues debe estar alineada de cierta forma para que no existan impactos de rechazo y sea más difícil el establecimiento del negocio.

Jurídico: Son las regulaciones y aspectos legales que están relacionados con su negocio y que rigen el entorno del mercado. Los aspectos legales son muy importante a la hora de conocer qué tipo de regulaciones afectan la prestación del servicio o producto, cómo afecta los impuestos, multas, aspectos legales laborales, de distribución, almacenamiento, producción, materia prima.

Debe examinar muy bien cuáles son las actividades que usted realiza en su organización y cómo las leyes y regulaciones influyen en su negocio.

Tecnológico: La evaluación de los procesos productivos de su organización y cómo la tecnología está influyendo en el producto o servicio que usted ofrece. Los cambios tecnológicos son acelerados y acoplar los procesos internos con la realidad externa de los cambios tecnológicos es muy importante y puede afectar e impactar profundamente su organización.

Por ejemplo, usted puede ofrecer un servicio o producto cuyo medio de distribución o producción varía dependiendo de cómo se integra a la realidad tecnológica que cambia día a día. Usted podría ser muy exitoso o simplemente desaparecer del mercado según la adaptación o no de su empresa a dichos cambios.

Ecológico: Aspecto referido a la forma en que el producto o servicio que su organización ofrece afecte al ambiente, tanto de manera positiva como negativa. Esta evaluación puede abrir nuevas oportunidades y prevenir cualquier aspecto jurídico que implique alguna penalidad, así como algún beneficio por el desarrollo de actividades ecológicas que cuiden el ambiente.

Todos estos aspectos del entorno deben ser analizados en cuanto a las oportunidades y amenazas, y deben describirse en el formulario "**Oportunidades y Amenazas**". Cuando usted llene cada recuadro con los análisis de cada elemento externo, también debe llenar el recuadro que indica acción, pues es allí donde se convierte en hechos la oportunidad o amenaza que su organización enfrenta. Es importante que se realice al momento que se desarrolla cada línea de análisis, pues así se toma en cuenta la acción directa que ayude a aprovechar la oportunidad y a minimizar o prevenir la amenaza.

FACTORES INTERNOS

Para el análisis de los factores internos es necesario tener en cuenta el tipo de organización y, en muchos casos, las áreas que vamos a describir a continuación podrán variar dependiendo de su organización. En este análisis se manejarán las

debilidades y las fortalezas de cada una de las áreas.

Estamos colocando alguna áreas que muchas organizaciones tienen en común, pero recuerde que podrá haber algunas otras muy específicas dependiendo del tipo de organización que usted posee.

Estructura organizacional: Aquí deberá evaluar las fortalezas de su negocio en cuanto a poseer un organigrama descriptivo donde pueda reflejar las líneas de mando dentro de la organización. Por muy pequeña que esta sea, es importante que tenga claros los cargos de sus integrantes y las distintas funciones y responsabilidades que cada quien posee. En caso de no existir nada, se debe reflejar como debilidad y explicar por qué.

Planificación estratégica: Lo que se está realizando en los capítulos dos y tres de este libro son las actividades necesarias para establecer una planificación estratégica dentro de la organización, así que en el momento que usted esté desarrollando esta actividad puede determinarlo como una fortaleza, y la debilidad vendría a ser la carencia de estrategias en el pasado y el no seguimiento de las acciones que puedan establecerse.

Recursos humanos: Se refiere al manejo del personal dentro de la organización. Es el control tanto administrativo como profesional del personal en cuanto a capacitación, adiestramiento, evaluación, promoción, planes de desarrollo, etc.
Es necesario que determine muy bien cómo usted está manejando su propia área de recursos humanos; analizar si cuenta con planes a futuro para adiestramiento; reconocer las áreas en las que existen debilidades internas para desarrollar el capital humano que es la columna vertebral de cualquier organización.

Mercadeo y ventas: Cualquier tipo de organización sea de manufactura o servicio debe tener un método de mercadearse y vender. Es necesario contar con un plan, método y acciones para vender lo que produce. Examine si posee algún método formal establecido para el mercadeo de sus productos o servicios. Verifique si ese método es efectivo y sus ventas se incrementan con el tiempo. Establezca qué debilidades y fortalezas tiene en el área de mercadeo de su negocio.

Administración y finanzas: Se refiere a todas las actividades administrativas que tiene un negocio, sean cuentas por cobrar, cuentas por pagar, banco, costos, todo el control administrativo, si este lo realiza regularmente, así como también la parte contable, declaraciones de impuestos, etc.

Ya sea que usted realice las actividades o sean subcontratadas a terceros, debe verificar que se estén llevando de manera regular y efectiva.

Mantenimiento e infraestructura: Toda organización posee una infraestructura donde labora, sea oficina, equipos, computadores, vehículos. Todos los elementos que conforman su infraestructura laboral deben ser mantenidos, controlados y deben ser efectivos para poder cumplir con los requerimientos que el cliente necesita.

Cuando hablamos de mantenimiento debemos considerar la regularidad, el control, las condiciones técnicas, y la actualización de los equipos, accesorios y dispositivos que estén involucrados en la productividad del negocio.

Tecnología y comunicaciones: Los aspectos tecnológicos y de comunicación deben ser controlados y evaluados, ya que en el mundo de hoy dominado por la tecnología, estos elementos son partes fundamentales a la hora de ser efectivos en las áreas operativas, administrativas, recursos humanos, de mercadeo y ventas, etc. Siempre los aspectos tecnológicos están vinculados y deben ser analizados minuciosamente en cuanto a su actualización, funcionamiento, mantenimiento y efectividad.

El análisis interno debe ser desarrollado en el formulario **"Fortalezas y Debilidades"** pues allí al igual que en el formulario anterior deberá desarrollar el análisis de cada elemento interno a evaluar, así como la acción a realizar tanto para mantener y aprovechar las fortalezas, como para mejorar las debilidades.

PLANIFICACIÓN ESTRATÉGICA

Una vez que tenga llenos los formularios de **"Oportunidades y Amenazas"** y **"Fortalezas y Debilidades",** proceda a unificar toda la información en el formulario de **"Planificación Estratégica".** Aquí deberá colocar la actividad o acción a realizar junto con la fecha de inicio, fecha de culminación y el responsable de realizar la actividad.

Este actividad le permitirá a usted establecer el plan tanto a corto, mediano como a largo plazo, y establecerá el seguimiento mensual para así poder tomar acciones y ajustes que sean necesarios mientras se van ejecutando las acciones.

Este plan debe tener un seguimiento mensual y es recomendable hacer los comentarios necesarios en la columna de "Observaciones" para que así usted tenga las evidencias del seguimiento y conozca qué ajustes ha tenido el plan.

Anualmente debe hacer una revisión completa aplicando de nuevo todos los formularios para poder determinar si existen algunos elementos nuevos que no hayan sido analizados y que se hayan presentado en el transcurso del tiempo.

La revisión anual es de suma importancia porque allí se podrá determinar cómo ha evolucionado la organización, así como los ajustes que sean necesarios debido a los cambios constantes que se producen en el mercado y la sociedad. Esta revisión es necesario que se realice con todo el personal que originalmente participó para que así cada uno de los integrantes pueda ir expresando el comportamiento de la acciones tomadas, la efectividad de la mismas y las nuevas sugerencias, planes y seguimiento a cumplir.

Oportunidades y Amenazas

ENTORNO	OPORTUNIDADES	AMENAZAS	ACCIONES
DEMOGRÁFICO			
ECONÓMICO			
SOCIAL			
POLÍTICO			
CULTURAL			
JURÍDICO			
TECNOLÓGICO			
ECOLÓGICO			

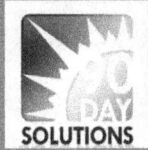

Fortalezas y Debilidades

ENTORNO	FORTALEZAS	DEBILIDADES	ACCIONES
ESTRUCTURA ORGANIZACIONAL			
PLANIFICACIÓN ESTRATÉGICA			
RECURSOS HUMANOS			
MERCADEO Y VENTAS			
ADMINISTRACIÓN Y FINANZAS			
MANTENIMIENTO E INFRAESTRUCTURA			
TECNOLOGÍA Y COMUNICACIONES			

Planificación Estratégica

ACTIVIDAD	INICIO	FIN	RESPONSABLE

CAPÍTULO 4 (Día 15)

Establece Los Acuerdos Entre Los Socios Del Negocio

Cuando usted decide establecer un negocio, sea uno o varios socios, debe entender que el establecimiento de acuerdos es un paso sumamente importante, ya que es allí donde comienza el compromiso de cada uno de ellos como miembros de una sociedad.

En algunas oportunidades se ha llegado a pensar que las relaciones entre socios se pueden comparar con una relación de pareja y hasta un matrimonio, pues los vínculos que se establecen son similares, donde debe reinar el respeto, el compromiso, y una comunicación abierta, entre otros.

El manejo de acuerdos debe ser establecido por escrito. A pesar de que algunas sociedades exitosas han establecido acuerdos bajo el compromiso de la palabra, no siempre resulta efectivo. Debe existir mucha integridad personal, y no siempre vamos a encontrar socios que manejen ese código de honor de cumplir acuerdos de palabra. No solo por el hecho de crear un pacto de negocios, sino también por los acuerdos legales, administrativos, financieros que deben quedar evidenciados a la hora del cualquier problema legal. Aquí le vamos a ayudar a tener una comunicación abierta con sus socios de negocios y lograr documentar un acuerdo que sea de beneficio tanto para el negocio como para cada una de las partes.

Cada miembro debe comprender el rol que desempeña dentro de la organización y cumplirlo de manera responsable; así si usted establece una empresa donde el porcentaje de acciones es igual para cada socio, las responsabilidades se deben distribuir más que todo por las habilidades, destrezas, conocimientos y recursos que cada quien posee. Los socios deben tener en cuenta cuáles son las habilidades, capacidades y destrezas que manejan mejor. Con los ejercicios anteriores ya esta tarea está lista, solo queda que se reúnan los miembros de la organización con la visión de establecer roles entre ellos, de manera que los acuerdos sean más sencillos de determinar.

Determinar las habilidades tanto personales como profesionales es vital a la hora de crear este **código de honor,** que ayudará a su organización a salir a flote. Cada uno de los puntos que estamos manejando en este plan de 90 días es fundamental para que su negocio se establezca con bases sólidas y crezca de manera efectiva y así pueda comenzar a recolectar los frutos.

Ahora bien, ya usted se encuentra en el día quince de su plan; tiene documentada la misión, y visión personal así como la del negocio, y los objetivos; eso quiere decir que ya conoce quién es usted y qué es lo que hace su organización. Ya conoce hacia dónde va usted y hacia dónde va la organización. Por lo tanto, cada socio debe estar manejando una visión común hacia dónde quieren ir.

Los siguiente principios deben ser leídos y entendidos por cada socio de negocio y discutido de manera abierta para lograr un acuerdo ganar-ganar. No se debe cerrar un acuerdo si alguna de las personas siente que se está tomando ventaja de alguien o algo, o si siente que está siendo víctima de un acuerdo que no lo beneficia. Sabemos que no es fácil llegar a un acuerdo en donde todos los integrantes sean felices con un mismo escenario, pero deben hacer todo el esfuerzo posible y mantener una madurez suficiente para no llevar cargas emocionales que tarde o temprano puedan dañar la relación entre los socios.

Este convenio debe ser entendido, documentado, y aprobado de mutuo acuerdo por los integrantes de la organización. Debe quedar como ese código de honor que les dará las bases morales y emocionales para salir adelante con confianza, respeto, orden y sobre todo con la tranquilidad de tener todas las cartas sobre la mesa sin agendas ocultas, sin temores entre los socios.

PRINCIPIOS A CUMPLIR

1. Comunicación: Establecer el tipo de comunicación que los socios mantendrán entre ellos, con los empleados, con los clientes, con los proveedores, con terceros, instituciones, etc.

Recuerde que una mala comunicación puede generar problemas incalculables dentro de una organización, sea por la falta o exceso de comunicación, comunicación errada, comunicación manipulada; en fin, este factor juega un rol determinante a la hora de poner en marcha una organización.

El acuerdo de cómo se manejará la comunicación debe quedar bien claro y explícito en cuanto al uso de las técnicas, sea el teléfono, correo, carteleras, notas, chat, correspondencia sobre papel, reuniones, correspondencia digital, comunicación de voz, etc.

Usted deberá establecer el tipo de información que viajará por los distintos formatos así como a quién irá dirigido. Para facilitarle esta declaración podrá apoyarse en un modelo que se anexa al final del capítulo "Modelo de manejo de las comunicaciones" donde podrá adaptar la información a su conveniencia.

Por otra parte, en los acuerdos de comunicación existen algunos códigos que son importantes de respetar para así logra una mayor efectividad a la hora de manejar calidad de información, tales como:

• Conocer los números de teléfonos de los socios y los horarios de llamadas.

• Establecer reglas de tiempo y modo de responder llamadas, mensajes de voz, mensajes de texto, correos.

• Configurar un formato de negocios estándar para el envío de correspondencia interna y externa, como son los datos de contactos al final de cada correo o documento.

• Manejar técnicas de verificación de información. Por ejemplo, si se envía una instrucción a una persona por cualquiera de los medios de comunicación, solicitar su entendimiento e interpretación del mensaje para así verificar la comprensión del mismo.

• Realizar minutas de acuerdos escritas en las distintas reuniones que se realicen y la divulgación de las mismas.

• Establecer acuerdos sobre el manejo de problemas personales y profesionales entre socios y miembros de la organización.

• Establecer acuerdos sobre cómo se manejará la información con el cliente.

• Determinar que tipo de información se maneja electrónicamente y cuál no.

• El manejo de un lenguaje claro y preciso y no manipular o distorsionar la información.

• Que queden entendidos los niveles de autoridad a la hora de la toma de decisiones.

Con estos parámetros bien descritos y definidos en el acuerdo que usted diseñará para la organización, tendrá una herramienta más para evitar inconvenientes y poder así manejar de mejor forma cualquier evento.

Cuando existen problemas en esta área, como consecuencia afecta otras áreas dentro de la organización; una mala comunicación puede crear problemas personales entre los socios, entre los empleados, puede causar la pérdida de los clientes, puede generar hasta problemas legales. Vea lo importante de tener no solo un acuerdo del manejo de la comunicación sino también la forma como cada miembro de la organización velará para su cumplimiento.

En experiencias con algunos de nuestros clientes, el tema de la comunicación puede que sea manejado bien por uno o dos miembros o socios, y puede existir uno que no lo maneja. En estos casos, si están documentados los acuerdos, los socios pueden acudir a estos, recordárselos a la persona que no los está cumpliendo y de esta forma se convierte en una regla que pierde emoción personal; pasa a ser una regla que está declarada en la organización y que se debe cumplir. Observe la diferencia entre el reclamar a un socio sobre un correo no respondido, y él diga que desconocía que debía responder todos los correos, y el apoyarse en un acuerdo y explicarle que debe cumplir lo que ha firmado. En el primer caso puede generarse un problema personal y emocional entre socios porque cada uno puede creer que es una situación personal. En el segundo caso, al apoyarse en un documento, baja lo emocional y esa carga emotiva es trasladada al documento y no a la persona.

2.   **Compromiso:** El compromiso entre los miembros del negocio es un acuerdo basado en los valores de los socios quienes deben tener un deber consigo mismos demostrado en su ámbito social, familiar y personal. Una persona comprometida es aquella que cumple con sus obligaciones, sean las acordadas con otras personas, así como las familiares, personales, de trabajo, de estudio.

Un compromiso puede ser un convenio entre dos personas y no necesariamente debe estar por escrito. De esta forma, muchos socios pueden crear compromisos de palabras que deben cumplir y demostrar en el transcurso de la relación de negocios.

Lo importante en este pacto es que cada una de las partes entienda las responsabilidades que tiene dentro del negocio, así como sus obligaciones; es recomendable que sea escrito de forma tal que puedan tener un patrón de referencia en el acuerdo entre socios.

El compromiso y sus obligaciones pueden ser listas de actividades, frases, instrucciones, en fin, como quieran los socios acordar y establecer para que reine la responsabilidad y el profesionalismo en el negocio que se está estableciendo. Esta lista de compromisos puede estar determinada en un documento común llamado *acuerdos de socios* el cual debe ir firmado por cada uno de los miembros, o también pueden desarrollar una "carta compromiso" donde cada persona de manera particular firma su compromiso con la organización.

Este punto en el acuerdo de socios es bastante abierto y puede estar diseminado dentro de los demás puntos que estamos tratando aquí en este capítulo. Usted puede establecer compromisos dentro de las responsabilidades, dentro de la comunicaciones, en los aspectos de confidencialidad, entre otros. En caso de que exista alguna obligación que usted desee establecer y no la ubica en los demás puntos del acuerdo, puede diseñar una lista particular y declararla en esta sección del acuerdo entre socios.

Para darle algunas ideas le presentaremos algunos compromisos que ciertas empresas han establecido y han sido parte del éxito de las mismas:

- Mantener la ética de la imagen de los productos en los medios publicitarios.

- Cumplir sin atraso ni demora el pago de los empleados.

- Comprometidos con la prevención de accidentes y enfermedades relacionadas con el trabajo.

- Contratación de personas competentes para los cargos que van a ejercer.

- Respetar las normas y lineamientos internos por parte de los socios así como de los empleados.

- Mantener una comunicación abierta y

transparente entre los socios.

3.   **Responsabilidades:** Para el establecimiento de las responsabilidades de cada socio ya usted posee material suficiente pues conoce cuáles son las habilidades, conocimientos, compromisos. Ahora queda declarar de manera personal las responsabilidades de cada integrante de la sociedad de su negocio.

Las responsabilidades deben ser manejadas de mutuo acuerdo. Cada quien establece los roles a cumplir y los comparte con los demás socios, de forma tal que exista un balance dentro de la organización. Pues si uno de los socios es muy bueno en las relaciones públicas, en contactar personas, en la venta, entonces este debe ser el responsable del área de mercadeo; y otro que sea bueno administrando, llevando documentos, haciendo números, entonces será el responsable del área de administración. Vea que ambos pueden ejercer roles compartidos en determinado momento, pues la persona de administración puede vender también, pero eso será su segunda opción para apoyar las ventas del negocio, siendo el responsable del área la otra persona.

Aquí es importante saber que los socios deben ser responsables de las actividades en las cuales tienen más experiencia y conocimientos, y en esas áreas deben garantizar el manejo, ejecución y control de dicha actividad, pudiendo recibir ayuda de otros socios.

Lo que debe quedar aquí definido es la distribución de roles, las responsabilidades de cada socio, que deben ser declaradas en temas como áreas del negocio que van a manejar de manera estratégica así como pequeñas actividades que muchas veces por ser de poca importancia no se declaran y que pudieran ser un factor de problemas a futuro.

Cuando hablamos de pequeñas actividades puede referirse a cosas como el manejo de aspectos bancarios por ejemplo, o declaraciones a entes de gobierno, pagos de servicios de oficina, compras de tarjetas de presentación, etc. Esas pequeñas cosas deben quedar bajo la responsabilidad de alguno de los socios en caso de que se comience con una pequeña empresa y no se tenga todavía personal empleado.

La declaración de responsabilidades de los socios va de la mano con los compromisos. Es importante que una vez que se declaren las responsabilidades, se verifique que estas se alinean con los compromisos establecidos en el punto anterior.

Un negocio creado bajo la asunción de roles de cada socio sin hacer una declaración formal de los mismos, puede generar grandes conflictos desde pérdidas de dinero, hasta el rompimiento de la sociedad. En muchos de los casos que hemos manejado tanto en pequeñas como medianas empresas que comenzaron con la buena fe y asunción de parte de los socios, este estatus, por llamarlo así, funcionó cierto tiempo, posiblemente hasta varios años, pero cuando la empresa comienza a crecer o sufre algún cambio el mercado, es cuando cada socio comienza a luchar y defender su parcela de responsabilidad asumiendo que uno u otro eran responsables de cierta actividad porque la venían realizando y el otro siente que estaba colaborando más de lo que le correspondía. Este tipo de emociones, conflictos y sentimientos puede dañar tanto la relación de negocio como las relaciones personales y crear cicatrices las cuales luego se hacen muy difíciles de sobrellevar.

4.   **Conflicto de Intereses:** Los conflictos de intereses son una línea muy delgada que muchas veces puede ser pasada por alto y no ser observada; pueden ser reales o supuestos. Aun cuando no exista un conflicto de intereses, si otra persona cree que lo tiene, esto podrá causar problemas; por esta razón, es tan importante evitar la apariencia de un conflicto de interés así como el estar en conflicto de interés real. La percepción de que se tiene un conflicto de interés puede dañar tanto la reputación de la persona como la del negocio.

Una de las medidas que se pueden tomar para prevenir los conflictos de intereses es expresar oralmente o por escrito a los socios cualquier tipo de actividad que pudiera llegar a generar un conflicto de intereses internos de la organización, sea en el área personal, financiera, social, política.

Cuando se establecen los compromisos y responsabilidades deben quedar muy claras las acciones de cada socio para así evitar que surjan conflictos de intereses que afecten al negocio.

Podemos detectar que existe un conflicto de intereses cuando se pone en juego algún elemento que esté beneficiando de manera independiente a una persona y no a la organización o negocio como tal; también se puede ver en algunas aspiraciones ocultas de poder que algunos de los socios tenga y puede interferir en las responsabilidades ya establecidas.

Para el manejo responsable de estos conflictos podemos utilizar a un árbitro; este puede ser un consultor, un asesor o una persona externa al negocio que pueda jugar dicho papel y así ayudar a negociar, mediar y conciliar las partes que se ven involucradas en el conflicto.

Otro elemento que ayuda a prevenir la existencia de conflictos de intereses es el establecimiento de normas y procedimientos internos en la organización pues ya teniendo establecidas las normas por escrito es más fácil determinar si existe un conflicto o no.

Es recomendable que se declaren frases así como se realizó en la sección de compromisos, colóquelas en esta sección y establezca esos intereses que para la organización son fundamentales.

Le colocaremos algunos ejemplos para que sea más fácil para usted establecer los suyos:

• Abstenerse de participar en actividades (personales, sociales, financieras o políticas) que puedan ir contra la lealtad, juicios de valor, u objetividad del manejo de la organización.

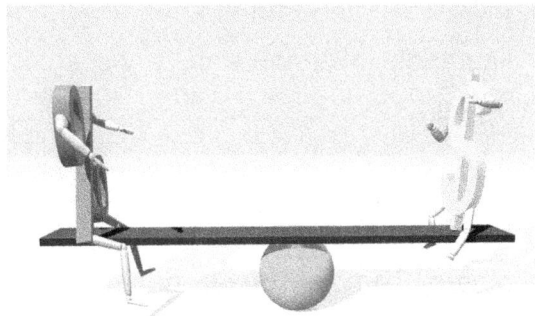

• Informar inmediatamente a los

socios cuando se presente una actividad que pueda ser tomada como conflicto de intereses y discutirla para un acuerdo en común.

• Evitar establecer acuerdos ocultos entre proveedores, clientes, competidores sin la aprobación de cada uno de los miembros de la organización.

• Evitar desarrollar, mercadear, distribuir o ejercer alguna actividad personal sobre algún servicio o producto que pueda ser competencia de los servicios o productos que genera la organización.

5. Retribución: Cada socio tiene un porcentaje de acciones dentro de la organización y en base a ese porcentaje se deben distribuir las utilidades que genera la empresa al finalizar el ejercicio o año fiscal declarado por los socios. En la mayoría de los casos cuando las organizaciones están en sus inicios, los socios no toman esa utilidad, sino que la reinvierten en el negocio. En otros casos no hay utilidad en el primer año o segundo y eso no debe ser un elemento de preocupación si los costos básicos se están cubriendo y la inversión de tiempo por parte de los socios está siendo retribuida.

Aquí se debe establecer y dejar claramente definido la inversión de tiempo y dinero por parte de cada socio, pues existen socios capitalistas o también llamados inversionistas, y los socios industriales que son los que aportan su trabajo.

Cuando un socio capitalista aporta su dinero no necesariamente debe aportar su trabajo. De igual forma un socio industrial no necesariamente debe aportar dinero. También puede haber una versión combinada donde exista el aporte de dinero y trabajo.

El tema de trabajo y conocimiento es un punto muy delicado a la hora de que las partes del negocio quiera valorar ese tipo de retribución. Lo más recomendable es que se estime el tiempo y esfuerzo que el socio industrial invierte para que cada una de las partes entienda desde un comienzo cuáles son los aportes.

Muchas sociedades comienzan con la emoción de abrir un negocio nuevo y a medida que van encontrando las dificultades que todo negocio tiene, sienten que el que las enfrenta se esfuerza más que el que aporta el dinero o de manera contraria el que aporta siente que no están trabajando bien y se pone en riesgo el dinero invertido. Por este tipo de situaciones es recomendable que se establezcan los aportes de mutuo acuerdo así como las retribuciones a la hora de hacer la distribución de las utilidades.

Es importante aclarar que los gastos operativos son distintos a la distribución de utilidades, muchas pequeñas empresas no controlan la operación y cuando se logra una venta distribuyen esa utilidad entre socios sin estimar la comisión y el esfuerzo del socio que consiguió el cliente o quien realizó el servicio. Es importante conocer el manejo de los costos y la administración para que esta distribución sea equitativa y los socios sientan que están dando esfuerzo balanceado a la hora de poner su tiempo y dinero.

Cuando se inicia un negocio y este genera ciertas utilidades mensuales pero los socios no perciben dinero mes a mes, puede que esto les traiga descontento y desmotivación. Es por ello que se debe entender qué actividades de trabajo ejercen día a día en el negocio, así como conocer el manejo de las finanzas en caso de exclusiva inversión.

Cada negocio es distinto en cuanto al manejo de las retribuciones y es difícil bríndar una recomendación genérica en este caso, pero sí podemos brindar las siguientes consideraciones:

- Declarar el tipo de socio (capitalista, industrial, capitalista-industrial)
- En el caso de los socios industriales determinar el tiempo invertido para

que se manejen en los costos operativos de la organización.

• Declarar acuerdos de repartición de las utilidades en la frecuencia más beneficiosa tanto para los socios como para la empresa.

• Determinar si la retribución de utilidades será del 100% o qué porcentaje se va a reinvertir en el negocio.

• Los socios deben establecer el valor del dinero y de las acciones para el proceso de distribución de utilidades.

6. Confidencialidad: Se entiende por confidencialidad a aquella información, datos, material, producto, etc., que se considere de uso exclusivo de los miembros de la organización y que no puede ser divulgada, compartida, ni estar a disposición de terceros o personas no autorizadas por la organización.
El tipo de información puede estar en diferentes tipos de medios, sean impresos, digitales, videos, sonido, o cualquier tipo de soporte.

Podemos darle algunos ejemplos de información confidencial:

• Las operaciones internas de la organización, sean recetas, fórmulas, procesos, procedimientos, etc.

• Información personal tanto de empleados como de clientes y proveedores.

• Software, data, licencias.

• Costos y manejo de materia prima, servicios.

• Sueldos y salarios, compensaciones.

• Retribución de socios.

Cuando se desee tener acuerdos de confidencialidad usted podrá tener de manera independiente una carta de confidencialidad para los trabajadores, socios y si existe algún consultor o auditor, empresa de servicio externo que esté laborando dentro de la organización, también es recomendable que estos firmen dicho acuerdo o carta para que así usted mantenga la protección de su organización. En el caso de los socios este acuerdo puede ir en un documento general que maneje todos los puntos que se encuentran en este capítulo.

Es importante que se establezca y clasifique cuál información va a ser manejada como confidencial o no, pues así podrá tener un mejor respaldo a la hora de establecer los lineamientos.

Estos acuerdos de confidencialidad deben ser revisados con frecuencia, puede ser semestralmente, para así validar que no se estén dejando de controlar áreas importantes, así como también estar controlando áreas que no lo requieran o poner al día los acuerdos debido a la actualización tecnológica, social y política.

Entre los puntos que debe contener el acuerdo de confidencialidad están:

• Definir específicamente qué se declara confidencial.

• Determinar si las personas que están involucradas en el acuerdo o contratos de confidencialidad son personas naturales o jurídicas.

• El manejo de las excepciones, pues en algunos casos puede que no aplique la confidencialidad.

• Qué tipo de sanciones legales o jurídicas están vinculadas, así como las sanciones internas dentro de la organización.

• Determinar los plazos aplicables de la sanción o de la efectividad del acuerdo de confidencialidad.

• Alcance en áreas, procesos, información, tiempo, y personas.

CONCRETAR EL ACUERDO

Para concluir con este capítulo usted podrá tomar de cada principio los elementos que considere importantes y

que apliquen a su organización para así desarrollar un único documento donde se encuentren todos los acuerdos. Cada uno de los socios lo firmará y existirá una copia para el socio y otra para los archivos de la organización. También pueden desarrollarse documentos independientes por cada principio y adaptarlos a cada socio y/o miembro de la organización, con la premisa de la firma y resguardo por parte de la organización y los socios.

Estos acuerdos o contratos entre socios son vitales para tener bases de compromiso y responsabilidad que generen un ambiente de transparencia en la organización. Recuerde aquel dicho que dice que el que no la debe no la teme; mientras más información queda registrada y abierta mejor será la relación entre los socios.

CAPÍTULO 5 (Día 17)

Establece Las Competencias Y Roles Internos

Si su empresa es grande, mediana o pequeña, es necesario establecer las responsabilidades de cada persona dentro de la organización. Estas responsabilidades deben estar asociadas a las competencias que debe poseer cada trabajador, para poder cumplir con su cargo. Hemos encontrado que algunas empresas han crecido aceleradamente y no se prepararon para los cambios, presentando debilidades en algunos cargos que están diseñados según las competencias de la persona que está en ese momento ejerciendo dicho cargo y no como debería ser, en donde el cargo tiene ya establecidas las competencias que la organización requiere, para que pueda ser ejercido independientemente de quien esté en ese momento cubriendo esa posición. En pocas palabras el cargo ha sido diseñado según la persona que lo está cubriendo y no de acuerdo a lo que la empresa realmente necesita, así que en el momento en el que esta persona sale del cargo, la organización no tiene realmente claro cuáles deben ser las competencias de dicho cargo y se crea un desorden cuya corrección requerirá ajustar y mover muchas piezas.

Así, aunque su organización sea muy pequeña, es recomendable que tenga establecidas las funciones de cada integrante, así como también la estructura en el organigrama de funciones, creando líneas de mando que se agrupen por áreas de función y que permitan fluidez de la información y el mejor funcionamiento de la organización.

En este capítulo lo vamos a ayudar a determinar las competencias que se requieren en los cargos básicos de su organización, así como a definir las competencias que necesita del personal que usted posee. Con toda esta información usted podrá plasmar en un mapa de funciones u organigrama, cómo se relacionan los cargos dentro de su organización.

Le brindaremos herramientas prácticas y fáciles de usar, con las que usted podrá ir trabajando como un especialista de Recursos Humanos y con la visión de un empresario innovador.

PASO 1

Realice una lista de las actividades que su empresa realiza, desde la compra, procesamiento, almacenamiento, venta, distribución, prestación de servicio. Toda una lista detallada de las actividades sin importar el orden. Así como las vaya recordando vaya colocándolas sobre el papel.

PASO 2

Una vez que tenga la lista de actividades organícelas por grupos dependiendo de quién las realiza. En este caso coloque en una columna la actividad y en otra columna el nombre de la persona responsable, y de esa forma podrá agrupar por persona y por área.

PASO 3

Con las actividades organizadas por responsable adicione una columna más donde colocará el nombre del cargo que considera debe tener ese grupo de actividades asociadas. Ya en este paso tiene los cargos con sus actividades.

PASO 4

Con el apoyo de la **Forma Descripción de Cargo**, usted podrá ir llenando cada celda con la información que allí se solicita y de esa manera lo aplicará para cada cargo que tiene en la organización, así como los cargos que usted requiere. Se anexa un ejemplo de una descripción de cargo llena para su guía.

PASO 5

Cuando ha finalizado el llenado del formulario anterior debe comparar la sección: Requisitos del Cargo y Conocimientos, Habilidades y Destrezas, con la persona que actualmente está en el cargo. De esa manera usted podrá encontrar la brecha entre lo que esa persona posee versus lo que necesita desarrollar para que ejecute su cargo con las mejores competencias posibles. En este caso utilice el formulario de **Detección de Competencias por Cargo** y realice el llenado del mismo.

PASO 6

En el llenado del formulario de las **Detecciones de Competencia por Cargo** determine las prioridades sobre cuáles debe tomar acción inmediata y cuáles pueden esperar, y allí conocer su capacidad de inversión tanto de tiempo como dinero para cubrir esa brecha que puede estar haciéndole perder capacidad a su organización.

PASO 7

Con los pasos anteriores ya usted puede comenzar a realizar el organigrama de su negocio guiándose en la sección "Coordinación y Comunicación" del formulario Descripción de Cargo. Allí podrá ir armando las piezas para diseñar el organigrama de la organización.

Lineamientos para el diseño de un organigrama

Para el diseño del organigrama es importante entender que nunca el primer diseño va a ser el definitivo, y es normal. En el desarrollo de los organigramas puede haber varias versiones que van mejorando y ajustándose en el tiempo. Si usted está siguiendo los pasos de este libro puede tomarse un par de horas y explorar en la internet información acerca de cómo diseñar un organigrama y eso le dará más conocimiento sobre el tema. Pero de igual forma, aquí le ofreceremos unas recomendaciones sencillas de seguir para que realice ese modelo de su organización que le será de gran ayuda para continuar con la secuencia de actividades que vienen los días siguientes.

•   Defina qué tipo de estructura organizacional usted desea diseñar, sea que lo estructure en base a las funciones o descripciones de cargo que desarrolló; a la estructura por producto donde organice los cargos de las personas según el tipo de producto o servicio que presta; o por cliente o zona geográfica.

•   Determine el tipo de diagrama o forma de presentación que desea, si lo realiza de manera vertical, horizontal, por bloques. Existen herramientas muy sencillas en programas de computación de manejo de presentaciones los cuales traen los modelos de organigramas ya prediseñados.

•   Establezca los niveles que va a desarrollar; mientras menos niveles es mejor para el fácil manejo de la organización, minimizando las jerarquías.

•   Relacione los cargos con las líneas de conexión conforme a jerarquía y manejo de autoridad, según sea el caso, por ejemplo: relaciones lineales jefe-subordinado, relaciones de asesoría, relaciones de mandos especializados, relaciones con externos, etc.

•   Llene las cajas con los nombres de los cargos y el nombre de la persona que lo ocupa, así como aquellos casos en donde no existan personas que cubran algunos cargos entonces debe declararlos como "vacante".

•   Establezca la fecha y la versión del organigrama para que controle su actualización cada vez que requiera hacer un cambio.

Ejemplo de un Organigrama Funcional

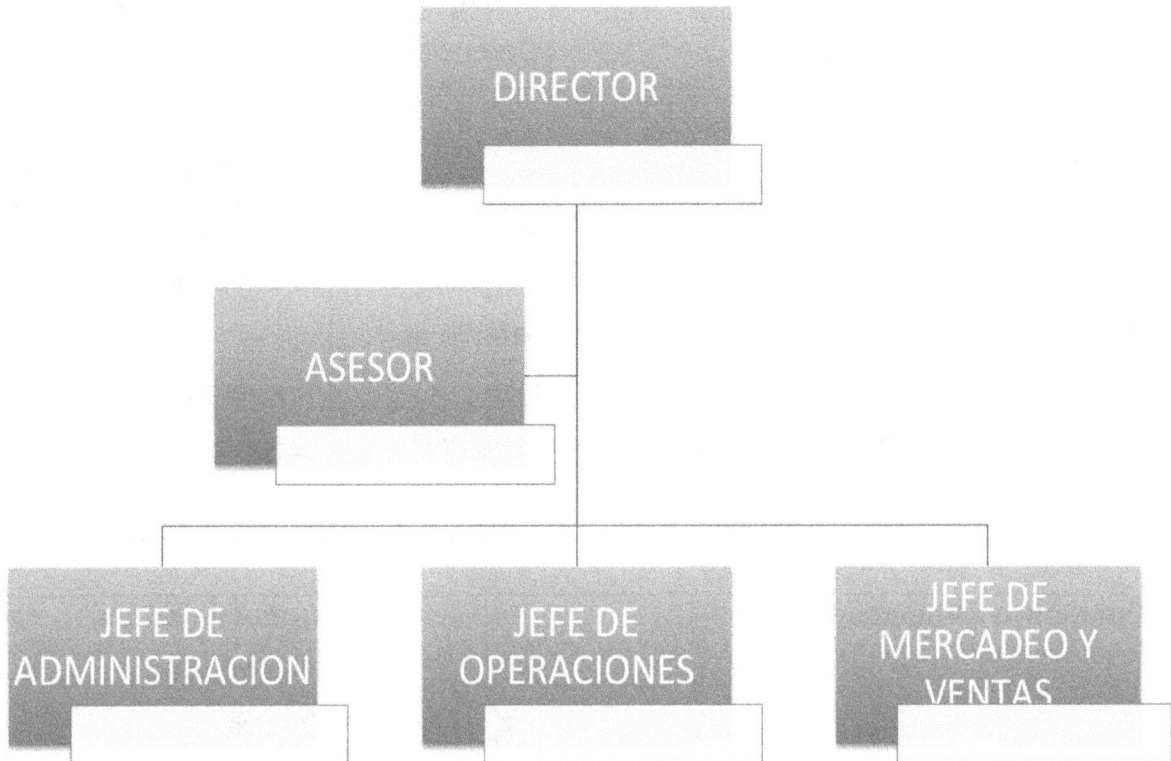

Ejemplo: Descripción de Cargo

Título del cargo:	Línea de dependencia:
Administrador de Oficina	Gerencia de Administración

Propósito del cargo:	Requisitos del cargo
Coordinar, dirigir y controlar los procesos operativos de la organización, aplicando las normas y procedimientos establecidos, con el propósito de apoyar al Gerente de Operaciones de la organización en las diferentes actividades para garantizar la prestación efectiva del servicio.	**Educación:** Técnico Medio **Experiencia:** 2 años

Funciones / Actividades:	Conocimientos, Habilidades y Destrezas
1. Planificar y hacer seguimiento de las obligaciones comerciales, fiscales y legales de la empresa. 2. Supervisar el área de Administración. 3. Controlar y ejecutar la verificación del proceso de cuentas por pagar, cuentas por cobrar, compras, nómina, RRHH y demás actividades relacionadas directamente con el proceso administrativo. 4. Coordinar dirigir y controlar el pago al personal. 5. Realizar seguimiento de gastos. 6. Participa en la toma física de inventarios tanto de	**Conocimientos:** ➢ Bilingüe (Inglés-Español) ➢ Técnicas de archivo. ➢ Técnicas de oficina y contables. ➢ Uso apropiado de la central telefónica. ➢ Manejo y organización de la

activos como insumos.

7. Coordinar y controlar el ingreso/egreso de personal, y demás obligaciones laborales.

8. Determinar junto con el Gerente de Operaciones la elaboración de las facturas para los clientes.

9. Elaboración, coordinación y control de los contratos al personal.

10. Coordinar y hacer seguimiento de las cuentas por cobrar a los clientes y mantener un reporte actualizado semanal para presentarlo en las reuniones.

11. Ingresar al sistema contable todas las transacciones diarias y generar los reportes establecidos en los procesos y procedimientos internos.

12. Emitir mensualmente un informe general de todas las transacciones administrativas.

13. Atención al cliente ya sea por teléfono o personalmente con el manejo de cualquier transacción administrativa, queja o reclamo.

14. Mantener constante comunicación con la Asistente de Operaciones para el intercambio de información en cuanto a la producción bajo la supervisión del Gerente de Operaciones.

15. Establecer mejoras que permitan optimizar los procesos.

16. Cumplir con cualesquiera otras funciones, deberes y responsabilidades que se deriven o relacionen con el cargo, según las indicaciones de la compañía y de sus clientes actuales o futuros.

agenda.
➤ Redacción de correspondencia.
➤ Comunicación efectiva.

Habilidades:

➤ Liderazgo.
➤ Tacto y prudencia para manejar situaciones diversas.
➤ Cortesía, amabilidad, respeto.

Destrezas:

➤ Manejo del computador.
➤ Creatividad e innovación.
➤ Trabajo en equipo
➤ Sentido de pertenencia con la organización.

COORDINACIÓN Y COMUNICACIÓN	
Relaciones	**¿Con quién?**
Externas	El cliente, proveedores de servicios
Internas	El cargo mantiene comunicación directa con el Gerente de Administración, Gerente de Operaciones y Asistente de Operaciones.
Quién es su Supervisor:	Gerente de Administración
A quién supervisa:	No tiene supervisado

CONDICIONES AMBIENTALES Y RIESGOS DE TRABAJO

Ambiente de Trabajo: El cargo se ubica en un sitio cerrado, en un ambiente con frío, generalmente agradable.

Riesgo: El cargo está expuesto a diferentes tipos de riesgos estipulados en la notificación de riesgo del cargo.

Esfuerzo: El cargo exige un esfuerzo físico de estar sentado/parado constantemente y requiere de un grado de precisión manual y visual medio.

Descripción de cargo

Título del cargo:	Línea de dependencia:

Propósito del cargo:	Requisitos del cargo
	Educación: **Experiencia:**

Funciones / Actividades:	Conocimientos, Habilidades y Destrezas
	Conocimientos: **Habilidades:** **Destrezas:**

COORDINACIÓN Y COMUNICACIÓN	
Relaciones	**¿Con quién?**
Externas:	
Internas:	
Quién es su Supervisor:	
A quién supervisa:	
CONDICIONES AMBIENTALES Y RIESGOS DE TRABAJO	

Ambiente de Trabajo:

Riesgo:

Esfuerzo:

Forma Detección de Competencias por Cargos

NOMBRE DEL CARGO	NECESIDAD DE CAPACITACIÓN	PRIORIDAD	NOMBRE DE LA ACTIVIDAD

La actividad de capacitación puede ser adiestramiento interno o externo, cambio de cargo, visita a otras empresas, inducción, compra de libros, entrenamiento en línea, trabajar con otra persona, etc.

CAPÍTULO 6 (Día 22)

Procesos Y Procedimientos Básicos Para Su Negocio

Para el funcionamiento tanto administrativo como operativo es necesario que establezca procedimientos internos que den la pauta a seguir a cada persona dentro de la organización. En esta fase de su plan, usted necesita realizar primeramente una lista de los posibles procesos básicos que debe tener su organización.

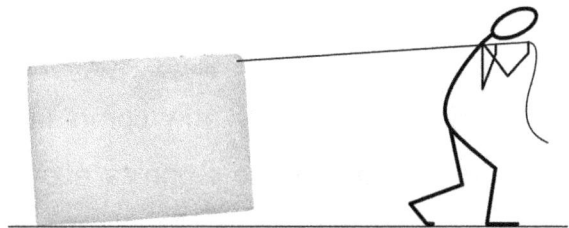

A continuación le vamos a dar una lista estándar de algunos procesos fundamentales, pero existen procesos específicos que dependen del tipo de organización que usted posee y estos deben ser desarrollados por un equipo interno de la organización o un consultor.

Estos procesos deben ser clasificados en tres grupos: los procesos estratégicos, procesos de operaciones y procesos de apoyo. Esta clasificación le permitirá tener la base para la medición de los procesos que le vamos a explicar en el próximo capítulo.

Un proceso puede tener varios procedimientos asociados que son los que soportan las actividades internas del mismo. Por ejemplo, dentro del proceso de compras usted puede tener los procedimientos de búsqueda de proveedores, solicitud de ofertas, recepción de materiales, etc. Cada procedimiento tiene el detalle de las actividades que se realizan con los responsables, recursos, y lugares. De esta manera, cada persona conoce los pasos a seguir y usted podrá tener un mejor control de su organización sin tener que estar involucrado al 100% en cada área.

Lo que ocurre en algunas organizaciones cuando no se tiene esta visión de ordenar los procesos y procedimientos, es que puede comenzar muy pequeña, pero al ir creciendo de manera acelerada, los dueños del negocio tendrán dos opciones a seguir: una es convertirse en esclavos de su negocio, lo que implicará que cada día su tiempo irá siendo menor para manejar el volumen de actividades, pues su negocio irá bien pero su calidad de vida irá disminuyendo. La otra opción es que usted continúe con el mismo ritmo que al inicio o quizás disminuya pues cree que como la empresa está creciendo puede bajar la guardia, pero si no se organiza ese crecimiento puede revertirse rápidamente y con mayores problemas.

Hemos tenido clientes que se mantuvieron en la zona de confort creyendo que el negocio estaba creciendo y que no necesitaban controles, pues los números en el banco parecían estar funcionando muy bien. Pero recuerde, el hecho de que el dinero en la empresa esté entrando no significa que todo esté bien. Estos clientes continuaron trabajando de la misma forma que al inicio del negocio, pero ahora en una organización más grande, donde hay más clientes, más servicios y más productos. Así comenzaron los problemas con un tamaño más grande y en consecuencia no fueron capaces de manejarlos. Lamentablemente toda una empresa productiva se vino a pérdidas y en algunos casos hasta el cierre.

Con estas experiencias de empresas que fueron en algún momento exitosas queremos mostrarle la importancia de establecer procesos y procedimientos para que así pueda usted medir el comportamiento de su organización. En ocasiones los dueños de negocio no perciben esta situación pues esta se va presentando lentamente con el paso de los años y ellos manejan la creencia de que es una situación pasajera y externa a ellos. Es por ello la importancia e insistencia del control de su organización para que usted no pase por esas situaciones de tener que cerrar su negocio o tratar de mantenerlo con pérdidas. Recuerde que lo que no se mide no se puede mejorar.

Procesos estratégicos

- Planificación estratégica
- Gestión financiera
- Mercadeo
- Investigación y desarrollo

Procesos operacionales

- Compras
- Ventas
- Almacén
- Distribución
- Facturación y cobranza
- Atención al cliente

Procesos de Apoyo

- Recursos humanos
- Informática
- Administración
- Contabilidad
- Mantenimiento
- Servicio al cliente
- Seguridad interna

Usted puede guiarse con esta lista y agregar más o eliminar algunos de estos procesos, incluso algunos pueden cambiar de lugar. Es decir, que un proceso estratégico puede estar en el área operacional o un proceso operacional puede pasar para el área de apoyo. Todo esto depende del tipo de organización. Por ejemplo: para una empresa de servicios que no realice muchas compras sino simple material de oficina es posible que el proceso de compras pase a ser un proceso de apoyo y no operativo.

Cuando los procesos se encuentren definidos, usted deberá desarrollar los procedimientos que soporten cada uno de ellos. En este capítulo le brindaremos algunos ejemplos con sus plantillas de trabajo para que usted entienda la estructura de los procedimientos y su alcance.

Procedimiento de facturación

Actividad	Usuario responsable
1. Recibe mediante correo electrónico información por parte de Ventas donde especifica el concepto y monto a facturar al cliente.	1. Asistente de Ventas
2. Verifica que el cliente a facturar se encuentre registrado en el sistema administrativo. En caso de no estar registrado, crea el cliente con los datos fiscales del mismo.	2. Analista de Facturación.
3. Carga en el sistema administrativo la factura a emitir según los parámetros recibidos en el correo.	3. Analista de Facturación.
4. Verifica que se hayan cargado correctamente los datos del cliente a facturar, así como la descripción y el monto. En caso de existir algún error realiza los ajustes correspondientes, caso contrario continúa con el procedimiento.	4. Analista de Facturación.
5. Imprime la factura en papel fiscal, verifica que se haya impreso correctamente. En caso de error activa procedimiento de anulación de factura, caso contrario continúa con el procedimiento.	5. Analista de Facturación.
6. Desglosa la factura y distribuye	6. Analista de Facturación.
7. Elabora "Acuse de recibo", imprime dos ejemplares, firma y sella.	7. Analista de Facturación.
8. Arma sobre con facturas y "Acuse de recibo" y lo envía al cliente.	8. Analista de Facturación.
9. Recibe "Acuse de recibo" firmado y sellado por el cliente y archiva en la carpeta del cliente para llevar control.	9. Analista de Facturación.

Procedimiento pago a proveedores

Actividad	Usuario responsable
1. Recibe de la Gerencia de Compras "Orden de compra y/o servicio" y "Factura" del proveedor.	1. Analista de Compras.
2. Carga la (s) factura (s) recibidas en el sistema administrativo y aplica las retenciones de ley en el caso que aplique.	2. Analista de Cuentas por Pagar.
3. Genera a través del sistema la retención de ley y anexa a la factura original.	3. Analista de Cuentas por Pagar.
4. Archiva "Orden de compra y/o servicio", "Factura", "Comprobante de retención.	4. Analista de Cuentas por Pagar.
5. Genera reporte "Listado de programación de pagos" previa autorización por parte de la Gerencia de Administración.	5. Analista de Cuentas por Pagar.
6. Envía el listado de pagos a la Gerencia de Administración para que proceda con el pago masivo de los proveedores previa autorización del Tesorero.	6. Analista de Cuentas por Pagar.
7. Recibe autorización por parte del Tesorero a fin de que efectúe transferencia de pago masivo de proveedores varios.	7. Gerente de Administración.
8. Ingresa al sistema del banco registrando las credenciales de usuario y contraseña y efectúa la transferencia correspondiente.	8. Gerente de Administración.
9. Imprime el comprobante de transferencia y remite al Tesorero conjuntamente con los soportes de pago para la conciliación.	9. Gerente de Administración.
10. Concilia el pago en el sistema administrativo y devuelve al Analista de Cuentas por Pagar para su archivo.	10. Tesorero.
11. Recibe comprobante de transferencia y demás documentación enviada al Tesorero y anexa al expediente de pago del proveedor y archiva por empresa.	11. Analista de Cuentas por Pagar.

Procedimiento de conciliación bancaria

Actividad	Usuario Responsable
1. Solicita al Gerente de Administración genere estados de cuentas bancarios de la empresa.	1. Sub-Gerente de Administración.
2. Genera los estados de cuenta a nivel del banco y remite al Sub-Gerente de Administración.	2. Gerente de Administración
3. Recibe estados de cuenta y solicita al Analista de Cuentas por Cobrar y Analista de Cuentas por Pagar las carpetas de pagos y cobros efectuados durante el mes.	3. Sub-Gerente de Administración.
4. Ingresa al sistema administrativo, registrando las credenciales de usuario y contraseña.	4. Sub-Gerente de Administración.
5. Verifica que todos los movimientos de cobros y pagos estén cargados en el sistema. En caso de no estar cargado notifica al responsable para que realice la carga, caso contrario continúa con el procedimiento.	5. Sub-Gerente de Administración.
6. Verifica que todos los movimientos de cobros y pagos estén reflejados en el estado de cuenta bancario.	
7. Imprime reporte de "Conciliación bancaria" y de "Resumen de conciliación" una vez que los saldos han sido cuadrados.	6. Sub-Gerente de Administración.
	7. Sub-Gerente de Administración.

Procedimiento de solicitud de análisis de cotización

Actividad	Usuario responsable
1. Consulta en el registro de proveedores aquellos que puedan satisfacer la requisición.	1. Analista de Compras.
2. Elabora "Solicitud de cotización", por cada proveedor seleccionado y envía la misma vía fax o correo electrónico.	2. Analista de Compras.
3. Recibe las cotizaciones y registra en el formato de "Análisis de cotización" los datos de la misma.	3. Analista de Compras.
4. Analiza de acuerdo a: precio, plazos de espera, calidad, garantías del producto o del servicio, condiciones de entrega, transporte, entre otros.	4. Analista de Compras.
5. Selecciona el proveedor que presenta la mejor oferta según las condiciones antes evaluadas, imprime "Análisis de cotización" y anexa al expediente de compra.	5. Analista de Compras.
6. Remite expediente de compra, al Gerente de Compras para su revisión y posterior aprobación.	6. Analista de Compras.
7. Recibe expediente de compra. En caso de estar aprobado activa el procedimiento de "Emisión de orden de compra y/o servicio" de lo contrario finaliza el procedimiento.	7. Analista de Compras.

Procedimiento de compra

Actividad	Usuario Responsable
1. Recibe el expediente de compra aprobado, con el fin de dar continuidad al procedimiento.	**1.** Analista de Compras.
2. Procede a elaborar "Orden de compra y/o servicio" a favor del proveedor que resultó ganador.	**2.** Analista de Compras.
3. Verifica que los datos del proveedor, así como la descripción de la compra y/o servicio, estén correctos.	**3.** Analista de Compras.
4. Imprime "Orden de compra y/o servicio", anexa al expediente de compra y remite al Gerente de Compras para su firma en señal de aprobación.	**4.** Analista de Compras.
5. Recibe expediente de compra, verifica que la "Orden de compra y/o servicio" se haya elaborado correctamente, firma y sella en señal de aprobación. Caso contrario devuelve para realizar correcciones.	**5.** Gerente de Compras.
6. Recibe expediente de compra y envía la "Orden de compra y/o servicio" al proveedor.	**6.** Analista de Compras.
7. Solicita factura de compra al proveedor una vez recibido el bien o servicio y activa el procedimiento "Solicitud de pago" .	**7.** Analista de Compras.

CAPÍTULO 7 (Día 30)

Mapas De Procesos Y Visión Integral Del Negocio

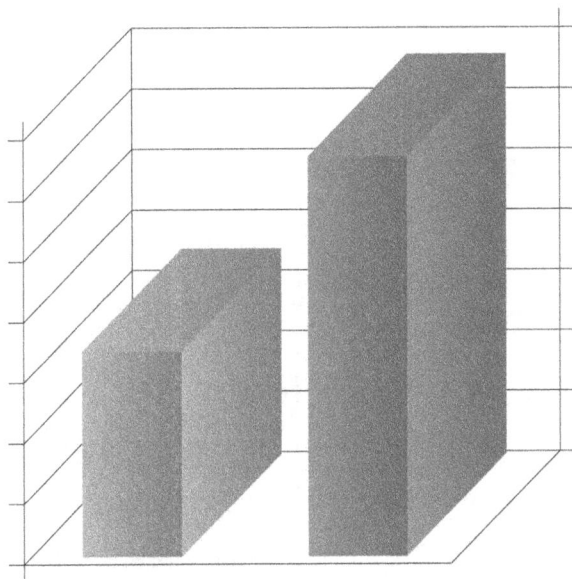

Un resultado deseado se alcanza más eficientemente cuando las actividades y los recursos se gestionan bajo un enfoque de procesos, el cual debe ser presentado como un sistema que se vincula, que sea fácil de identificar, entender y gestionar. Una de las formas de presentar este concepto a las organizaciones es mediante el uso de un mapa de procesos, el cual debe mostrar las interrelaciones que existen entre los procesos y cómo estos se conjugan con los recursos para alcanzar la eficacia y eficiencia en el logro de los objetivos de la organización. Este mapa debe identificar los procesos necesarios que requiere una organización para luego determinar la secuencia e interrelación de los mismos que permitan alcanzar la realización del servicio y/o producto que esta organización genera.

Un elemento valioso en el diseño de los mapas de procesos es determinar los elementos de entrada y salida de los mismos y cómo estos se relacionan para así poder optimizar los recursos que se manejan durante el proceso productivo de la organización.

Entre los beneficios que aporta un buen diseño de un mapa de procesos tenemos:

• Eliminar los errores y desperdicios que puedan existir en los recursos tanto de materiales, dinero, tiempo, productos.

• Minimizar las demoras en los procesos y actividades de la organización.

• Maximizar el uso de los activos de la organización sea equipo, dinero, materiales.

• Facilitar el uso de los recursos y de los procesos.

• Adaptabilidad a las necesidades de cambio en el uso de los procesos.

• Proporcionar a la organización ventajas competitivas

• Reducir el exceso de personal.

• Fácil método para medir la gestión de la organización.

Cuando se diseñan los mapas de procesos estos vienen a ser como la fotografía general de la organización. Es la vista completa donde en una sola imagen se puede mostrar cómo está funcionando la organización y de esa forma poder tener una mejor idea de cómo mejorar el producto o servicio que presta. Como se mencionó al inicio del libro, tener el plano de la organización para que así sea más fácil mejorar, analizar situaciones, tomar decisiones, adaptar cualquier cambio y medir continuamente el comportamiento de la organización.

Pasos para el diseño del mapa de procesos:

PASO 1: Tome la lista de procesos que realizó en el capítulo anterior donde los clasificó entre procesos estratégicos, procesos operativos y procesos de apoyo. Los procesos estratégicos son los que soportan la dirección y el liderazgo de la organización. Son aquellos que por su naturaleza deben dar la orientación estratégica a la organización para la mejora, y la toma de decisiones que afectan de manera genérica a todos los demás procesos de la organización.

Los procesos operacionales se encargan de la gestión diaria de las actividades que son vitales dentro de la empresa; estos procesos son en su mayoría los que tocan al cliente, gestión el servicio o la producción.

Los procesos de apoyo son aquellos que soportan las actividades operativas y estratégicas. Velan por el mantenimiento y buen funcionamiento de la operatividad de la organización. No son los procesos centrales de producción, pero apoyan a la operatividad de los mismos.

PASO 2: Coloque los procesos en cajas de procesos como lo ilustra el ejemplo y comience a colocar las cajas en las áreas que corresponde.

PASO 3: Una vez que tenga las cajas de procesos en cada sección, comience a colocar las líneas de conexión, que vinculan la información que existe entre un cuadro de proceso y otro. Este paso debe realizarlo con mucho cuidado ya que puede haber relaciones de un proceso a varios así como de varios a uno.

PASO 4: Determine las entradas y las salidas de su mapa de procesos. Revise nuevamente cada cuadro y las interacciones establecidas. De esta forma verifique y confirme que no quedaron procesos sin incorporar.

PROCESOS ESTRATÉGICOS

| PLAN. ESTRATEG. | ASEG. CALIDAD | FINANZAS |

PROCESOS OPERACIONALES

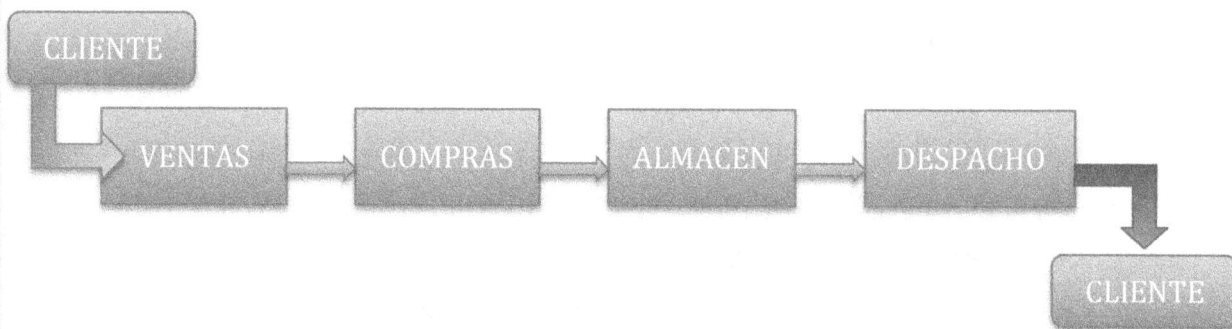

CLIENTE

VENTAS → COMPRAS → ALMACEN → DESPACHO → CLIENTE

PROCESOS DE APOYO

| MANTENIMIENTO | INFORMÁTICA | RECURSOS HUM. |

EJEMPLO DE MAPA DE PROCESO

MAPA DE PROCESO

PROCESOS ESTRATÉGICOS
PROCESOS OPERACIONALES
PROCESOS DE APOYO

Indicadores de gestión

El poder medir la gestión de los procesos va de la mano con el establecimiento de los indicadores de gestión; estos permiten demostrar en números el éxito o no de la organización. Loa indicadores permiten conocer el desempeño de un proceso, actividad o sistema.

Un indicador debe ser:

• Objetivo, debe estar declarado de manera sencilla, sin elementos que permitan el suponer o asumir.

• Cuantificable, debe establecer un valor cuantitativo como patrón de medición y meta a alcanzar.

• Verificable, el diseño del indicador debe permitir ir a la fuente de los datos y poder verificar cada elemento que lo afecte.

• Debe agregar valor al proceso de toma de decisiones, no ser una carga sino un elemento de ayuda para la alta dirección de la organización.

• Comunicado y divulgado, debe presentarse en un formato fácil para la divulgación en la organización.

Tipos de indicadores:

1. Indicadores de operación o tácticos.
2. Indicadores estratégicos o de gestión.
3. Indicadores normativos o de resultado.

1.- INDICADORES DE OPERACIÓN O TÁCTICOS

Los indicadores de operación están diseñados para controlar las actividades diarias o semanales. Apuntan al área operacional del mapa del proceso. Los responsables de llevarlos son los jefes más operativos y de menor jerarquía en la organización. Este tipo de indicador debe tener registros diarios o semanales. Se recomienda el uso de hojas de cálculos automatizadas para facilitar el control de los registros.

A la hora de presentar este tipo de indicador se recomienda usar gráficos de punto, torta, donde se pueda observar su comportamiento en el corto tiempo, por hora, diario o semanal. La persona que registra este indicador no debe emplear más de quince minutos en su actualización diaria.

2.- INDICADORES ESTRATÉGICOS O DE GESTIÓN

Los indicadores estratégicos controlan la gestión de mando medio y alto de la organización. Tienen como función medir las gestión del nivel estratégico de la organización con la finalidad de presentar el comportamiento de los procesos con una periodicidad mensual o trimestral. Cuando se analizan estos indicadores y se toma acción, los resultados se verán reflejados en los siguientes 90 días. Este indicador se alimenta de la información registrada que proviene de los indicadores operacionales. Puede representarse en gráficos de barra, de área, de línea.

3.- INDICADORES NORMATIVOS O DE RESULTADO

Estos están creados para la alta dirección de la organización; forman parte de los datos que provienen de los indicadores estratégicos o de gestión, y son orientados al seguimiento del cumplimiento de los objetivos de la organización así como de la misión y visión. Generalmente son manejados trimestral, semestral o anualmente. Deben ser gestionados con mucho análisis y detalle pues generan la toma de decisión que impacta a toda la organización. Los resultados obtenidos de estos indicadores permiten evaluar las acciones de largo plazo, que deben ser ajustadas y modificadas con la visión global de la organización. Generalmente los resultados tomados de estos indicadores se pueden ver reflejados después de un año.

METODOLOGÍA

La manera de preparar los indicadores de gestión consiste en la determinación de los procesos y su ubicación para luego entender cuáles de los procesos van a ser evaluados y controlados. Recuerde que no es necesario que todos los procesos sean controlados. Para comenzar, usted puede seleccionar los más importantes, que impacten la productividad de la organización y aquellos que estén siendo parte de atrasos, quejas y reclamos para su organización. Posteriormente a que usted vaya mejorando algunas áreas puede ir moviéndose a otras. No trate de abarcar de buenas a primeras toda la organización. Vaya por partes y así podrá ir avanzando de manera segura.

Es recomendable que una vez que haya seleccionado los procesos a evaluar proceda a seguir los siguientes pasos que vamos a explicar:

PASO 1: Realice una lista de los procesos que seleccionó para ser medidos a través de los indicadores de gestión.

PASO 2: Utilice el formulario de "Matriz de Indicadores" y comience a llenar las casilla con la información por cada proceso de la siguiente forma:

PROCESO/TIPO: en la primera coloca el nombre del proceso y área a la que pertenece el proceso a evaluar así como el tipo, si es estratégico, operacional o de apoyo.

ENTRADA/SALIDA: Indique qué información de entrada y salida tiene el proceso, es decir, qué datos requiere de entrada para que el proceso funcione y cuál será la información de salida que este genere.

EXPECTATIVAS: Consiste en lo que espera recibir el cliente interno o externo que genera el proceso; cómo desea que sea la salida de información que genera el proceso a evaluar. Ejemplo: despachos entregados a la hora, clientes satisfechos, pago a tiempo a los proveedores, etc.

NOMBRE DEL INDICADOR: Será el nombre que usted le va a colocar al indicador que está diseñando. Por ejemplo: Satisfacción del cliente, Tiempos de respuesta a reclamos, Control de rechazos, etc.

INDICADOR: Es la descripción de la fórmula que va a calcular el registro de los datos que genera el proceso a medir, por ejemplo: Cumplimiento de producción= (días de retraso/días programados)x100.

CUANTIFICADOR/FRECUENCIA: En cuantificador va a colocar si la unidad de medida con que va a expresar su indicador será en días, porcentaje, cantidad. La frecuencia consiste en determinar con qué periodicidad se va a realizar la medición, si será diaria, semanal, mensual, trimestral, etc.

META: Se refiere al objetivo a alcanzar. Usted determinará la meta que desea lograr con el indicador que está controlando. Se recomienda que la meta se coloque luego de que tenga por los menos unas tres mediciones del indicador para así poder conocer el comportamiento y colocar una meta que no sea muy fácil, pero tampoco muy difícil de alcanzar. Por ejemplo: si establece controlar porcentaje de productos aprobados y el comportamiento indica que está en un 75%, es recomendable colocar una meta del 85% para así ver cómo puede alcanzar el indicador en un periodo de un año aproximadamente, y cuando ocurra volver a actualizar la meta a un 95 o 100%.

RESPONSABLE: Deberá escribir el nombre de la persona que llevará tanto el levantamiento como el control de la presentación del indicador. Puede ser que sea una misma persona o dos personas distintas, pero lo importante es que exista un responsable por cada indicador establecido.

PASO 3: Una vez que tiene todos los indicadores establecidos, realice la distribución de las responsabilidades a cada quien y resalte el cumplimiento de la frecuencia de medición.

PASO 4: Cada área que maneja el indicador deberá llevar los datos y presentarlos en el formato más adecuado, sea en gráficos, cuadros o reportes que permitan el análisis objetivo.

PASO 5: Realice reuniones semanales o mensuales en las que cada persona presente el indicador, de esa forma usted tendrá un mejor control de la organización. Realice comentarios y documéntelos en cada reunión de manera que quede como evidencia el comportamiento del indicador y la efectividad o no de las acciones tomadas.

PROCESO /TIPO	ENTRADAS/ SALIDAS	EXPECTATIVAS	NOMBRE DEL INDICADOR	FORMULA	CUANTIFICADOR /FRECUENCIA	META	RESPONSABLE

MATRIZ DE DICADORES

90 DÍAS DE DESAFÍO

CAPÍTULO 8 (Día 40)

Diseñe Su Marketing Del Negocio

Con los avances acelerados de la tecnología tenemos que desarrollar habilidades para incursionar en una sociedad cambiante cuyos mercados deben moverse muy rápido y en la dirección correcta hacia donde el sistema lo requiera. En un comercio global usted tiene que tropicalizar su producto o servicio a un sector, grupo, o mercadeo, pero estos diferentes grupos lo ven a usted y a su organización con una única imagen, bajo una interfaz digital "su portal web" el cual puede ser visitado mundialmente. Es allí donde debe tener la habilidad de saber manejar ese portal digital de manera inteligente pues la sensación de creer que al colocar su empresa al acceso mundial le va a traer millones de clientes se puede convertir en una triste realidad donde pocos o nadie visite su portal y mucho menos compren su servicio o producto.

Esa sensación de creer que podemos ser visitados por millones y millones de personas y que gran parte de esas personas podrían ser nuestros clientes es una sensación emocionante que puede terminar con un final feliz o convertirse en una pesadilla más grande de lo que pensábamos.

Como empresarios debemos poseer la visión y el entusiasmo que nos moverá a la velocidad que el sistema lo requiera, pero con la paciencia y enfoque de saber dar pasos estratégicos e innovadores que nos permitan avanzar sin gastar tantos recursos. Es asombroso cómo el ser humano actúa en los momentos de escasez y en los momentos de abundancia. En la escasez nos movemos astutamente para conseguir recursos y en la abundancia nos ponemos más lentos y confiados en que las cosas van a llegar. Eso mismo ocurre cuando entramos a esta sociedad tecnológica que brinda tantos recursos de data, información, acceso que nos hace sentir seguros y nos sumergimos entre todos esos datos y acceso sin conseguir resultados efectivos.

Debemos pensar que existe escasez de tiempo en un entorno abundante de información y oportunidades, en el cual hay que desarrollar habilidades nuevas para poder sobrevivir. Es importante descubrir las nuevas habilidades que debemos desarrollar para poder sobrevivir.

Anuncio publicitario

Nos encontrábamos en una reunión de negocios en la Cámara de Comercio. Era de esas reuniones donde la mayoría de sus participantes eran dueños de medianas y pequeñas empresas. El tema que se discutía era la publicidad y el marketing, y dentro de ese grupo de personas surgió la siguiente pregunta: "¿Cuál es la forma más eficaz de tener una buena publicidad?". Eso dio pie al debate en el que se escucharon los siguientes comentarios:

"La gente no presta atención a los periódicos o la radio".

"Yo invertí dinero en una pagina web y he pagado afiliaciones a toda una serie de herramientas de social media y todavía no he visto resultados".

"Tengo un contrato con una empresa de publicidad y mercadeo que pasa facturas mensuales y no veo crecer la cantidad de clientes en mi negocio".

Estas eran las respuestas de algunos de los empresarios descontentos que se encontraban allí presentes. Era toda una estampida de negatividad seguida una tras otra. Parecía que no había escapatoria. Era como un virus que se propagaba en la sala de reuniones y no permitía que ningún antídoto curara esta enfermedad, pues entre un comentario y otro, salían las culpas y responsabilidades tales como la economía, el gobierno, la sociedad y el país.

Vacuna contra el virus

Para los dueños de negocios el tener una buena publicidad en prensa, radio o hasta un buen anuncio en una valla publicitaria, los hacía pensar que ya habían pagado la cuota de marketing necesaria para que los clientes llegaran y entraran a su negocio.

Puede ser que un cliente llegue y entre en su negocio, pero si sus clientes no vuelven, es una buena señal de que la publicidad, no importa cuán rentable y llamativa sea, solo provoca la visita de un cliente que puede, en muchos casos, no volver por no necesitarlo o porque se fue descontento. Esta segunda opción le generará mayores pérdidas, pues un mal comentario de un negocio se multiplica de manera exponencial a corto plazo, más ahora con el uso de las tecnologías y redes sociales. En consecuencia será muy difícil rescatar un cliente descontento, o mejor dicho, muchos potenciales clientes.

¿Cuándo fue la última vez que usted vio un cliente recurrente en su negocio?

¿Cuándo fue la última vez que un cliente le comentó que visita su negocio por recomendación de un amigo?

Publicidad de boca en boca

Una de las más efectivas forma de publicidad es la de boca en boca. Su negocio debe crear una experiencia tan única y profunda con su cliente que este no pueda dejar de contárselo a un amigo. Si su empresa no responde con intensidad a su mercado objetivo, y no provoca esa sensación en la gente que no pueda evitar decir a los demás, entonces usted está perdiendo su tiempo en el marketing y la publicidad, y debe cambiar drásticamente su visión del negocio.

Retomando los comentarios de los anteriores dueños de negocios que sufrieron la derrota por confiar exclusivamente en la publicidad para tratar de atraer clientes, ellos no creían o desconocían la publicidad de boca en boca. Ellos pensaron que la publicidad podría compensar lo que faltaba en su negocio.

Si usted logra que la persona entre en su negocio por los medios que sea, como pudiera ser un buen marketing pagado por usted, ¿cómo usted puede asegurar que esa persona retornará a su negocio? Vamos a pasear por las siguiente preguntas para ver si usted tiene conocimientos y acciones que le permitan una publicidad de boca en boca:

• ¿Usted actualmente posee las herramientas para poder conocer de qué manera puede impactar a su cliente?

• ¿Usted posee la información de cómo medir cada semana el tránsito de sus clientes y saber si un mismo cliente retorna?

• ¿Usted conoce las expectativas de sus clientes?

• ¿Sabe cuándo un cliente se va descontento?

Si usted nos garantiza que impresionará a sus clientes y estos recomendarán su negocio con sus conocidos además de volver a visitarlo, entonces le garantizamos que va a tener éxito más allá de sus sueños. También vamos a garantizarle que su publicidad comenzará a trabajar para usted. Sin embargo, recuerde que no es la publicidad la que está haciendo el trabajo por usted, solo está haciendo el trabajo inicial para que luego usted con su producto o servicios garantice el éxito.

La publicidad de boca en boca es más que un anuncio vivo, que camina, que tiene emociones, que se conecta con cientos y miles de personas que se transforman en una red de potenciales clientes a los cuales se les envía la información de manera personal.

La experiencia de crear la publicidad de boca en boca no requiere mayor inversión adicional de la que usted puede estar realizando ahora. En lugar de poner todo su dinero en anuncios de periódicos, ferias comerciales, eventos, estaciones de radio, sitios web y promociones de cable y televisión, ponga su dinero dentro de su propio negocio para que pueda crear en su mercado específico esa experiencia que permita que sus clientes hablen bien de su negocio.

Anuncio personalizado

Vamos a imaginarnos a dos amigas que se encuentran en un centro comercial y están de compras. Como buenas amigas se conocen sus gustos. Una le dice a la otra que hay una tienda de ropa que tiene una serie de pantalones nuevos tal como a su amiga le gusta; le describe los colores, los modelos, el tipo de tela, la estupenda atención de los empleados del negocio, lo cómodo de los vestidores, los cupones de descuentos y así va jugando con las emociones de su amiga de tal forma que no hay otra alternativa sino ir a comprar los pantalones a la tienda.

Si usted como posible cliente tiene que preguntar a alguien acerca de un negocio específico porque necesita comprar algo, eso no lo podemos llamar publicidad de boca en boca. Es solo cuando el cliente siente la necesidad y la emoción de decirle a alguien acerca de su negocio; es allí cuando la auténtica palabra emerge de la boca del cliente para producir ese anuncio personalizado.

No se puede controlar a la gente fuera de su negocio. La única posibilidad que usted tiene es el control dentro de su negocio. El objetivo principal es cambiar su negocio de forma tal que deje una impresión tan profunda y duradera en sus clientes que tienen que decirle a alguien más.

Y tenga mucho cuidado pues tan potente y poderosa es esta herramienta para provocar fidelidad y arrastrar a un grupo de fans, como también para provocar infidelidades y mala reputación.

La oportunidad de franquicia

Hemos trabajado con varias franquicias en distintos tipos de mercado, y en ellas el principal valor es la estandarización y los procesos. Cómo abrir y cerrar la tienda, cómo decorar las paredes, cómo presentar la mercancía, cómo deben vestir, actuar y hablar los empleados, cómo se cocina, como se entrega un producto, y la medición de la calidad del servicio prestado. No importa qué tipo de negocio usted tenga, usted puede brindar una experiencia al cliente igual o similar a una franquicia.

Usted necesita proporcionar a sus clientes una experiencia duplicable. Ellos necesitan saber qué esperar de su negocio, y deben recibir la misma experiencia cada vez que lo visiten, y sentir que todos los clientes son tratados por igual.

El servicio enfocado al cliente radica en el hecho de conformar su negocio pensando en su cliente como principal objetivo. Diseñe sus procesos, estructuras, productos, servicios enfocados al cliente. Esto pareciera lógico para muchos, pero es asombroso cuando realizamos auditorías a las empresas y observamos cómo están diseñado los procesos, productos y servicios para hacer sufrir al cliente. Se lo explicamos en el siguiente ejemplo: una empresa de ventas a domicilio tiene una serie de productos que los clientes compran por Internet, pero a la hora de que exista una devolución del producto los pasos o procesos están diseñados para que:

- Sea más costoso el envío que el valor del producto.

- La calidad del producto sea mala. El envío es internacional y pagado por usted y le será devuelto el 40% del valor original.

- Cuando escribe un correo este no es respondido sino una semana más tarde o quizás nunca.

Esta clase de negocio no tiene los procesos enfocados en el cliente, simplemente sus procesos están dirigidos a vender una vez, sin segundas oportunidades. Por eso es tan importante revisar, quizás con los ojos de un tercero, los procesos de su negocio pues muchos creen que están enfocados en satisfacer las necesidades de sus clientes pero es solo un engaño o fantasía.

Primero visualice el objetivo, y a continuación dispare

Si usted abre un negocio para satisfacer sus razones o gustos, entonces usted está en camino a una batalla difícil o quizás perdida. En cambio, si usted construye su negocio basado en un mercado específico, identificando lo que este mercado necesita y que usted le puede ofrecer, evaluando si ese mercado tiene acceso a su negocio, y si tiene el dinero para pagarle, entonces usted está en el camino a la competencia. Si usted aún puede focalizarse en el mercado objetivo y puede crear una única e increíble experiencia emocional, entonces usted está en el camino a ganar.

Vamos a brindarle los siguientes consejos básicos para que pueda lograr esto:

- Mantener el foco en el objetivo.

- Observar objetivamente la realidad del mercado.

- Afinar los procesos y actualizarlos en la medida que se mueve el entorno.

- Mantener una filosofía de franquicia donde el trato a todos los clientes sea por igual y repetitivo.

- Ser persistente y constante en crear un ambiente donde clientes y empleados sientan pasión por lo que reciben y por lo que dan.

Solo así podrán entender que tener una visión global del negocio les va a permitir ver mas allá de un simple fracaso de marketing y publicidad y les abrirá no solo las puertas al éxito sostenido sin necesidad de grandes inversiones de dinero, sino más bien a grandes inversiones de conocimiento y acción.

Estrategias para convertir sus clientes en socios

Mercado objetivo

Vamos a empezar. ¿Cuál es su mercado objetivo? Si usted es dueño de una tienda de café, entonces ¿va dirigido la gente que bebe café?

Cuando hablamos de mercado objetivo muchas personas solo piensan en el cliente directo y eso está bien, pero debemos abrir el foco con una visión más amplia y global, es decir, ver el entorno que rodea a nuestro objetivo. La idea es *minimizar los esfuerzos y multiplicar los recursos*. Cuando se aprende a observar los infinitos recursos disponibles en nuestro entorno y los conectamos con las infinitas posibilidades

que el universo nos ofrece, es allí donde se logra minimizar los esfuerzos y se genera un aprovechamiento profundo de los recursos, obteniendo como resultado final una capacidad mayor de penetración del mercado.

Vamos a explicarlo con el siguiente ejemplo: en una tienda de ventas de videojuegos, el mercado objetivo son jóvenes de quizás entre ocho a veinte años en su mayoría masculinos, y la publicidad se enfoca exclusivamente en llamar la atención a ese grupo objeto del mercado. Pero esta publicidad no abre el alcance a una visión que llamamos de segundo nivel. Ese segundo nivel es pensar en quién más puede comprar mis productos y cuáles medios puedo utilizar para atraer más clientes por grupos. En este caso será buscar atraer a los padres de esos jóvenes y seducirlos con la idea de que ellos también pueden jugar con sus hijos; realmente ellos, al final, son los que pagan el dinero para que el cliente-objeto compre el producto. Por otra parte, es buscar un medio donde esos potenciales clientes estén asociados para captar grupos, por ejemplo, puede ser equipos deportivos: una promoción de juegos de video relacionados con el béisbol dirigida hacia grupos de estudiantes de los equipos de béisbol. Es esa apertura de ideas la que mejorará la visión y penetración del mercado. Una vez determinado qué busca ese grupo, se analiza quién los dirige, que en este caso serían los entrenadores y profesores de escuelas, y se prepara una campaña dirigida a ese sector o grupo que generará asociaciones en mayor cantidad y se podría copiar dicha campaña para otro grupo de potenciales clientes de segundo nivel.

Cuando observamos este ejemplo podemos determinar varias características importantes que debemos tomar en cuenta para el desarrollo de nuestro mercado objetivo, las cuales se exponen en estos **cuatro pasos**:

1.   Determinación del segmento del mercado principal.
2.   Determinación del segmento del mercado de segundo nivel.

3.   Determinar los posibles medios de asociación para grupos de potenciales clientes.

4.   Desarrollar campañas dirigidas a los distintos niveles y grupos de manera estándar que puedan ser repetitivas optimizando los recursos.

PASO 1: Mercado principal

¿Cómo hacerlo? ¿Cómo colocar su negocio sobre papel y generar un plan metódico que le permita ver y abrir la visión del mercado objeto en los distintos niveles?

Vamos a definir el mercado objetivo en el que se desea enfocar su negocio. Este mercado tiene que tener tres cosas fundamentales: una es la necesidad en el mercado que su producto o servicio puede satisfacer; segundo es el fácil acceso a su negocio, y por último, determinar el valor de su servicio o producto a cambio de la experiencia única que usted puede ofrecer. Vamos a definir su mercado objetivo principal:

Geográfica:

¿Dónde está ubicado su negocio? ¿El acceso de sus clientes a su negocio es físico o virtual? ¿Qué área de expansión desea penetrar?

_____

_____

Demográfica:

Edad, sexo, raza, etnia, estado civil, tamaño de la familia, ciclo de vida de su cliente.

Años en el negocio, la propiedad, los tomadores de decisiones, el ciclo de negocios.

Socioeconómico:

Ocupación, educación, ingresos de sus clientes.

Metas en las ventas , ganancias, el mercado de su negocio

_____

_____

Psicográficos:

Estilo de vida, la personalidad, gustos de su cliente.

La cultura corporativa. Valores y misión de su negocio.

_____

_____

Comportamiento:

¿Cómo actúan sus clientes? ¿Por qué responden? ¿Cuáles son sus gustos y hábitos? ¿Qué hacen?

_____

_____

Mis clientes compran:

• ¿Qué?

• ¿Cuándo?

• ¿Dónde?

• ¿Cómo?

• ¿Por qué?

• ¿Cuánto?

• ¿Con qué frecuencia?

Lo que es beneficioso en la definición de su mercado objetivo es que usted es capaz de ver más claramente las tendencias, grupos y tipos con el fin de determinar la mejor manera de servir y hacer crecer su negocio. Es importante definir si su negocio está enfocado directamente a personas o es un negocio enfocado a empresas, pues de allí depende cómo aplicar las herramientas que le estamos presentando.

Se trata de todos los factores que se toman en consideración durante el proceso de compra.

PASO 2: Mercado de segundo nivel

Para determinar el mercado de segundo nivel es necesario tener claro el mercado principal. Usted puede utilizar diversas técnicas que existen para el desarrollo de ideas, las llamadas tormentas de ideas, mapas mentales, etc. Cualquiera de esas técnicas le permitirá abrir ese campo creativo que está en su mente y que muchas veces no pone en práctica por la rutina del día a día. Recuerde que solo usted es la persona que conoce mejor su negocio, solo usted ha vivido tanto los momentos críticos y no críticos de su negocio, usted tiene la experiencia del nacimiento y crecimiento de su negocio y también de su estancamiento. Todo esas experiencias son valiosas, pues ya conoce los caminos transitados y fracasados ,así como los caminos de éxito.

Por otra parte, es importante que este plan sea desarrollado en equipo. Si usted tiene personal dentro de su organización de diversas áreas y hasta personas que usted conoce que no están involucradas en el negocio, pero tienen la chispa de creatividad, usted puede conformar un equipo multidisciplinario para la generación de ideas de negocios del mercado de segundo nivel. Es importante siempre valorar las diferencias, pues muchas veces cuando trabajamos en equipo y un integrante del mismo piensa distinto que los demás, por reacción humana lo rechazamos de forma inmediata y no le damos la oportunidad de expresar quizás una idea que el "típico grupo" no ha visto. Valorar las diferencias es un principio fundamental para el trabajo en equipo y la generación de ideas creativas para los negocios.

Una vez que usted ha generado los posibles y potenciales clientes de segundo nivel, podrá aplicarle las preguntas del paso anterior, con las que podrá determinar cuál es el comportamiento de ese nuevo nivel de clientes y así avanzar al siguiente paso.

A continuación le presentamos un cuadro esquematizado que le permitirá describir en forma estructurada la información para los pasos dos y tres.

Producto/Servicio	Cliente (nivel 1, nivel 2)	Grupo/Asociaciones
Videojuegos	Jóvenes 8-20 años **(N1)**	
	Padres **(N2)**	Padres y representantes del colegio
	Entrenadores **(N2)**	Equipos de béisbol

PASO 3: Medios para tener acceso a los grupos y asociaciones.

De igual forma como utiliza las herramientas de tormentas de ideas para determinar sus clientes de segundo nivel, las puede aplicar en la identificación del grupo o asociación que le permitirá optimizar los esfuerzos. Piense en un momento cómo está actuando su medio de publicidad actual sobre una sola persona y cuánto le está costando a usted usar ese medio, tanto en dinero como en tiempo y esfuerzo. La idea es optimizar los recursos, buscar que su publicidad llegue a masas, a grupos y que muchas veces esa vía pueda ser más económica que la tradicional.

Cuando usted analiza qué hace su cliente, cuáles son sus hábitos, qué siente antes y después de usar su producto o servicio, cuál es la expectativa que tiene, debe entenderlo, debe sentir que está en sus zapatos, y una vez que usted sienta profundamente a su cliente podrá conseguir la conexión de cómo relacionarlo a grupos o asociaciones.

Hay un proceso mental que como dueños del negocio debemos entender. Quizás al principio le sonará extraño, pero luego entenderá de qué se trata. Usted siente que su negocio ofrece simplemente un buen producto o servicio que está al alcance de la mano de su cliente. Eso suena bien, eso podría hacer andar cualquier negocio y mantenerse en el mercado, pero si ahora le digo que *vea a su cliente como un socio* potencial del negocio, usted pudiera decir en primera instancia que no es posible debido a que su negocio es de ventas de cualquier cosa o presta servicios de cualquier tipo. Pero es allí donde está la clave de su negocio, cuando usted vea a su cliente como socio, entonces usted podrá visualizar la forma de hacer alianzas con grupos o asociaciones.

El siguiente ejemplo le mostrará cómo un cambio de visión del cliente hace que su negocio crezca y consiga con mínimos recursos grandes oportunidades:

Carlos tiene un gimnasio en una zona residencial al norte de la ciudad y decidió cambiar de estrategia de mercadeo para captar más clientes. Comenzó a ver a sus clientes como socios, ofreciéndoles un carnet de afiliación el cual generaba descuentos en sus cuota mensuales a medida que trajeran nuevos clientes al negocio. Adicionalmente ofrecía paquetes de afiliación a grupos de empresas en los que ejecutivos y empleados tendrían ciertos beneficios si entraban en asociación o grupo. Además, generó líneas para grupos de ancianos, personal jubilado, grupos de terapeutas y así fue creando y duplicando su campaña publicitaria sin tener que desembolsar gran cantidad de dinero para ello y multiplicando su negocio exponencialmente.

Como puede observar el punto clave está en:

- Determinar el paquete de producto/servicios que desea promocionar .
- Quién o quiénes serían los grupos o asociaciones.
- Cuál sería el método o la forma para llegar a esos grupos.

Con estos tres elementos claros usted puede complementar la tabla anterior y así tener mejor estructurada la información para pasar al último paso que es el desarrollo de la campaña.

A continuación puede utilizar el siguiente cuadro para desarrollar su negocio.

PASO 4: Desarrollar campañas

Para desarrollar la campaña es necesario toda la información anterior, además de tener un enfoque de estandarización, es decir, que a medida que usted vaya desarrollando la primera campaña publicitaria enfocada al primer paquete de producto/servicio para una asociación determinada vaya pensando qué puede funcionar para la segunda y tercera de su lista de manera que los esfuerzos se simplifiquen y se ahorren los recursos.

Por otro lado, es importante tener en cuenta los medios de comunicación y los medios sociales (social-media) pues mediante ellos se puede llegar a grandes grupos y cantidades de personas y en muchos casos son gratis o de bajos costos.

Otro elemento de suma importancia es valorar a las personas, organizaciones y grupos a los que usted está afiliado o necesita afiliarse. El participar en cámaras de comercio, industriales, asistir a eventos, entrenamientos, le permite toparse con las personas y esas conexiones también funcionan como medios de mercadeo para su negocio, es la conocida expresión "patear la calle". Es importante usar tanto los medios electrónicos como el contacto humano.

Una campaña puede tener diferentes estructuras y diseños. Existe mucha documentación tanto en libros como en Internet acerca de cómo preparar una campaña publicitaria, pero lo interesante está en que usted conecte toda la información de los cuadros anteriores y la ponga en práctica. Recuerde que una idea sin acción no es nada.

Usted puede programar sus campañas por periodos y así tendrá un programa controlado al que podrá hacerle seguimiento en el tiempo, pues usted debe ir midiendo los resultados que va arrojando la campaña para ir tomando medidas en el camino y hacer lo ajustes. Recuerde que no va a realizar un programa infalible, este programa puede ser modificable y se puede ir ajustando a medida que lo va implementando, y así no tendrá la sensación de esperar hasta que termine para saber los resultados.

Para hacerle el camino más corto ya usted a este nivel tiene un análisis de su producto y la ruta hacia donde puede dirigirlo, ahora le queda desarrollar el cómo lo va hacer y ponerle la acción y la pasión en la implementación.

NOMBRE DE LA CAMPANA			FRECUENCIA	
DESCRIPCION				
ELEMENTOS DE INNOVACION				
ASOCIACION O GRUPO		MEDIOS DE CONEXION		
BENEFICIOS	CLIENTE		ORGANIZACIÓN	
RECURSOS				

PROGRAMA DE EJECUCION				
ACTIVIDAD	RECURSOS	COSTOS	FECHA INICIO	FECHA FIN

CAPÍTULO 9 (Día 55)

Prepare A Sus Vendedores Independientes

Cuando una organización está comenzando a desarrollar el área de ventas, usualmente puede haber carencia de conocimientos y de recursos para hacer contrataciones de empleados fijos. En este punto los dueños de los negocios temen por la inversión de dinero que puedan perder durante un proceso que le puede tomar meses o años y que al terminar no recompense el dinero y tiempo invertido.

En esta situación no se puede descartar la idea de establecer la estrategia de contratar vendedores independientes, en la que la inversión de dinero es mínima y los riesgos están distribuidos entre ambas partes, tanto el vendedor como la organización.

El objetivo que se pretende alcanzar en este capítulo es facilitar las herramientas al dueño del negocio o al responsable del área de mercadeo y ventas a fin de establecer un plan y ponerlo en práctica para contratar vendedores independientes con los controles necesarios que les permitan una alianza ganar-ganar para ambas partes.

Esto no solo implica el establecer un plan sino también implementar las reglas del juego, pues en convenios comerciales es muy importante tener claro cuáles son las normas, reglas, y pautas a seguir, así como las condiciones de los negociantes.

Este alcance va desde el momento en que se determinan los servicios o productos que requiero comercializar, cálculo de precios, comisión, hasta el cierre del proceso de ventas.

PROCESO

DESCRIPCIÓN DEL PROCESO

ESTABLECER DESCRIPCIÓN DE LOS SERVICIOS Y/O PRODUCTOS CON SUS PRECIOS

Una clara y específica descripción de los productos y servicios es fundamental para iniciar este proceso, pues proporciona las vías necesarias tanto para el vendedor como para la organización en cuanto a tener herramientas para establecer un positivo plan estratégico de mercado.

Muchas organizaciones establecen estas actividades de ventas de manera intuitiva o por costumbre y experiencia, sin tener un método específico y claro de cómo implementar una buena campaña de venta y mercadeo.

Es allí donde en ocasiones las energías de ventas se disipan y pierden productividad pues se desgasta el mercado y es cuando se piensa que se invierte mucho tiempo y dinero en mercadeo y venta y el retorno de la inversión es mínimo.

La necesidad de describir claramente su producto y servicio no va simplemente en el hecho de que lo entienda y comprenda su potencial cliente, sino que esta descripción le permite a usted como conocedor de su negocio abrir las ideas hacia dónde va dirigido su producto y servicio.

Vamos a explicar el siguiente ejemplo, supongamos que vendemos frutas tropicales, y nuestro negocio simplemente se encarga de buscar las frutas del proveedor y venderlas a pequeñas tiendas. Cuando me enfoco en entender que simplemente soy un distribuidor de frutas no veo la cantidad de opciones que puede ofrecer el negocio. Sin embargo, al describir las actividades que realiza tal como lo guía este método verá una gran gama de oportunidades que posiblemente no observaba anteriormente. A continuación ejemplificamos:

- *Busco los mejores proveedores con calidad y bajo precio de las frutas.*

- *Establezco las mejores vías para tener una ruta fácil, práctica, con la que ahorro tiempo y dinero en la distribución.*

- *Selecciono, clasifico y mantengo clientes que pagan a tiempo y tengo buenas relaciones con ellos.*

- *Controlo los recursos que poseo como vehículo, personal y aspectos legales para lograr un excelente servicio y producto.*

Observe que describimos en cuatro frases las actividades que se realizan, de manera clara, y no con una simple frase como: "soy un vendedor de frutas tropicales".

¿Qué nos permiten hacer estas cuatro frases? Con ellas podemos desarrollar y abrir un panorama de oportunidades infinitas y le vamos a explicar cómo hacerlo:

FRASE 1: *"Busco los mejores proveedores con calidad y bajo precio de las frutas".*

1.   *¿Dónde están ubicados mis proveedores?, ¿es fácil llegar allí?, ¿están todos en un mismo lugar?, ¿debo trasladarme a varias partes?*

2.   *¿Realmente evalúo la calidad de las frutas?, cuando recibo frutas dañadas ¿me las remplazan?, ¿la relación precio valor de las frutas es equitativa?, con respecto al mercado ¿el precio es competitivo?*

3.   *¿Conozco los precios de mi competencia?, ¿conozco los precios de otros proveedores de frutas?, ¿dónde se puede encontrar nuevos proveedores?*

Con la primera descripción se puede generar una serie de preguntas y respuestas que abre la puerta a visualizar otro panorama de nuestros productos o servicios.

Esta técnica permite describir mejor las actividades que realiza y a su vez conduce al análisis de ¿cómo?, ¿qué?, ¿dónde?, ¿cuándo?, y ¿por qué? Dicha información abrirá puertas en su mente que le ayudarán en los dos siguientes pasos que son: el conocer el mercado y establecer las condiciones de venta.

Así como se aplicó a la primera frase de su descripción, deberá aplicarla a las siguientes y tendrá un excelente material.

ESTABLECER PRECIOS

En cuanto al tema de establecer precios, es importante conocer una simple fórmula que puede aplicar conociendo los costos fijos y costos variables del negocio.

Precio= Costo Fijo + Costos Variables + Utilidad

Para determinar los costos y sus tipos es necesario organizar muy bien de qué manera se están llevando los gastos en la organización. A continuación se presenta una lista simple.

a) Costos Fijos

Son aquellos costos que permanecen constantes, independientemente del nivel de actividad de la organización. Por ejemplo:

1. Alquileres.
2. Servicios públicos (energía, Internet, teléfono, gas, etc.).
3. Depreciación de equipos.
4. Seguros.
5. Impuestos fijos.
6. Sueldo y salarios.

b) Costos Variables

Son aquellos costos que varían de acuerdo al nivel de producción o actividad de la organización. Por ejemplo:

- Mano de obra directa contratada específicamente por producción.
- Materias primas directas.
- Materiales e insumos directos.
- Impuestos específicos.
- Envases, embalajes, envíos y etiquetas.
- Comisiones sobre ventas.

c) Utilidad

Para determinar la utilidad debe tomar en cuenta el **costo unitario** de su producto o servicio que sería la suma de los costos fijos y variables divido entre la producción. En algunos casos, si prestamos servicios diversos es muy difícil establecer este parámetro, pero puede manejar el valor en horas hombres invertidas para la realización de su producción.

Debe revisar los precios de la competencia y productos o servicios similares y colocarlos como patrón de referencia.

Debe conocer qué valor adicional tiene su producto o servicio con respecto a la competencia y a lo que requiere el mercado. Este valor adicional le permite establecer una utilidad mayor o menor que garantice que el mercado adquiera su producto o servicio.

Una vez que conozca sus costos fijos y variables, y determine cómo está el mercado puede colocar un número porcentual o entero de utilidad que le quede al negocio y con el cual más adelante podrá mantener y hacer crecer su empresa.

CONOCER EL MERCADO Y EL CLIENTE

En este paso es importante conocer específicamente las bondades, fortalezas y debilidades de su servicio y/o producto, pues estos forman parte de los basamentos para conocer el cliente al que desea vender y el tipo de mercado en el que está enfocado.

Conocer el cliente objetivo no es tarea fácil, muchas personas lo descubren luego de invertir gran cantidad de tiempo y dinero. Pero fundamentar una buena descripción de lo que hace, el servicio que presta, el producto que genera, hace que se ahorre parte del tiempo y dinero por invertir.

Para describir el cliente objetivo a quien desea vender es necesario documentar y encontrar técnicas que le permitan llegar al punto clave del negocio. Aquí unas preguntas simples que le ayudarán a especificarlo:

- ¿Que hábitos tiene el cliente que pueda necesitar su producto?
- Según su precio ¿a qué sector económico está dirigido?
- Según el estilo ¿a qué perfil personal, profesional, industrial, comercial?
- ¿A qué género, edad, cultura?
- Según su alcance ¿a qué área geográfica?

Con estas preguntas y el ejercicio realizado en el capítulo anterior usted podrá visualizar mejor a su cliente y el mercado donde quiere llegar con su servicio o producto.

También es recomendable volver a revisar a su competencia pues allí se dará cuenta si está siendo pionero con su propuesta o está en un mercado donde abunda el mismo producto/servicio. También debe saber cómo competir en ese mercado ya sea por cambios en su producto/servicio, a nivel de precios o adicionando algún "valor agregado" que le diferencie.

Otro elemento de análisis son los productos/servicios sustitutivos o complementarios que puedan ser una competencia no directa, pero que estén tomando parte de su mercado.

ESTABLECER LAS CONDICIONES DE VENTAS Y COMISIONES

Antes de salir a la calle a buscar vendedores es necesario conocer las condiciones y comisiones pues esto permite saber el tipo y nivel de personas que usted necesita para poner en acción su negocio.

Establecer las reglas del juego es una tarea fundamental en esta área, sobre todo por la mala costumbre que muchas personas tienen de cerrar acuerdos económicos solo de palabra lo que a la larga puede traerle problemas personales, laborales, financieros, legales y hasta de salud.

Para hacer este paso fácil y sencillo lo primero que debe hacer es establecer el monto o porcentaje de comisión que está dispuesto a pagar a los vendedores. Generalmente estos porcentajes oscilan entre 1% y 20%, pero este valor dependerá del tipo de negocio y usualmente será un numero inicial que podrá variar según avanza el vendedor, para darle así metas que desee alcanzar.

Estos porcentajes o montos fijos también pueden variar dependiendo del tipo de producto/servicio que usted quiera poner en el mercado pues muchas veces posee un producto/servicio fácil de colocar y en grandes cantidades en el que podría establecer un porcentaje bajo. En el caso de uno difícil o exclusivo podría colocar un alto porcentaje que permita balancear los esfuerzos del vendedor.

Diseñar de manera clara, sencilla y precisa las condiciones permite un ambiente cómodo, tanto para el vendedor como para el gerente o líder de la organización que conduce esta actividad.

Una de las mejores formas de controlar esta actividad es realizando un listado de puntos que a continuación les describimos con el cual puede preparar ese instrumento de acuerdos.

Ejemplo:

ACUERDO DE VENDEDORES

1.- Prepare la documentación con la información siguiente:

• Anuncios, hojas técnicas, publicidad que describan el servicio o producto.

• Calendario mensual donde establezca actividades de promoción, reunión, ofertas, eventos, etc.

• Paquetes de promoción especial, muestras de productos o servicios, testimonios, recomendaciones de otros clientes, etc.

• Tarjetas de presentación (Business cards)

• Inventario descriptivo de todos los productos o servicios como una lista resumen de fácil acceso.

• Acuerdo por escrito entre las partes.

2.- Condiciones del acuerdo:

• Contener alcance del mercado o área que va a ser objeto de mercadeo y venta.

• Porcentajes claros por productos o servicios.

• Condiciones de cancelación de la comisión, tiempo, dónde, cuándo, elementos que no cubre la comisión.

• Beneficios de ser vendedor que impliquen disfrute de descuentos especiales según tiempo o metas que se establezcan.

• Tabla contentiva de las metas de ventas en el tiempo, tanto en moneda como en cantidades que permita retos entre los vendedores.

• Bonos especiales.

• Valores y ética que maneja el negocio para cuidar la imagen.

Una vez que usted tiene documentada esta información y preparada físicamente de una manera ordenada y atractiva, ya puede darle paso a la siguiente actividad, confiado en que se minimicen los desacuerdos, y aspectos que puedan traer problemas futuros.

Esta documentación debe ser revisada cada mes, pues es normal que vaya teniendo cambios a medida que se va utilizando y así garantizamos estar cubiertos ante posibles eventualidades.

Cree el hábito de reuniones de control semanales y mensuales y así podrá tener un sistema de mejora continua.

DISEÑE SUS DOCUMENTOS DE CONTROL

Todo proceso dentro de una organización requiere de controles para garantizar su funcionamiento. El elemento control debe ser sencillo, adecuado, y fácil de implementar para que no obstaculice el buen funcionamiento del proceso.

Como expertos en diseño de controles de procesos podemos decirle que una de las características fundamentales es que sea de fácil implementación y atractivo para el usuario. Cuando un control no es atractivo para quien lo usa, comienza a ser evadido, infringido, y más que una ayuda se transforma en un problema.

Para el control de los vendedores independientes hemos establecido los siguientes puntos:

* Convenio de vendedores.
* Tabla de registro de prospectos y clientes.
* Agenda, control de visitas, comunicación, campañas.
* Control de ventas y comisiones.

Lo importante es cómo ajustar e implementar estos controles, pues le estamos dando las herramientas paso a paso para que establezca una estrategia exitosa que le permita evaluar y controlar su gestión.

RECOMENDACIONES PARA CADA DOCUMENTO

Convenio de vendedores

Usted puede encontrar en la red muchos modelos. Lo necesario aquí es que este documento debe ser diseñado y revisado para eliminar o agregar términos y condiciones dependiendo de su empresa, y los acuerdos que desea establecer. Una vez que tiene el acuerdo listo y ha llenado los datos para cada vendedor, este debe ser presentado para su revisión y discusión por las partes, de manera tal que una vez que ambas partes estén de acuerdo y se hagan los ajustes necesarios al documento, este debe ser impreso y firmado en dos originales, uno para el vendedor y otro para la empresa.

Tabla de registros de prospectos y clientes

Este es un documento que puede ser llenado tanto en digital como en papel. La idea de este documento es registrar los posibles prospectos que se van a visitar y también los visitados. Este documento debe ser usado tanto para la preparación de una lista previa de posibles clientes que se desean visitar, así como también luego de la visita para registrar la información recabada durante la misma y los posibles requerimientos que el prospecto necesita.

Lo importante de este documento es que tiene varios objetivos finales pues permite generar una base de datos de prospectos, monitorear las actividades del vendedor y aprovechar al máximo un instrumento de control para el seguimiento de los acuerdos entre el prospecto y el vendedor-empresa en los temas de presentar las propuestas.

Agenda- control de visitas

La agenda es variable, el vendedor puede usar cualquier herramienta de agenda, sea su teléfono, agendas electrónicas, agenda tipo libro, hojas, etc. Esta tiene como función controlar no solo el plan de visitas que el vendedor debe hacer sino también medir la efectividad entre lo planificado y lo realizado.

El control de visitas puede estar integrado en la agenda o puede ser un documento adicional, pero para generar más confianza debe ser firmado por el prospecto o posible cliente para así evidenciar la labor realizada por el vendedor.

Comunicación- campañas

Es necesario entregar copia y colocar en su portafolio de documentos, cualquier tipo de comunicado interno que se tenga en la organización que esté relacionado con condiciones del producto/servicio, que puedan afectar la labor del vendedor en su campo de acción. En cuanto a las campañas y promociones que puede ir estableciendo la organización es importante entregar al vendedor detalles del alcance de dichas promociones.

Control de ventas y comisiones

Este documento puede ser llevado tanto en físico como en digital. En él se registrarán las ventas realizadas diariamente o con la frecuencia que deseen sea registrada. En este documento se contará la venta por cada vendedor y las condiciones de comisión establecidas para así poder cancelar las mismas a los vendedores.

Este control de comisiones será para el uso del vendedor y de la empresa donde el vendedor registra sus ventas y la empresa certifica esa acción, acumulando la data de todos los vendedores y todas la ventas y así podrá analizar más a fondo cómo se están comportando los productos/servicios y los vendedores en sí. Además permitirá conocer el monto en dinero a manejar en cuanto a las comisiones a pagar, bonos y demás acuerdos.

BÚSQUEDA DE LOS VENDEDORES

La tarea de búsqueda de vendedores puede ser tan fácil o difícil como usted se pueda imaginar. En el caso de que usted no tenga establecidos los puntos anteriores no podrá conocer las características y bondades del perfil del vendedor y mucho menos podrá mostrarle el potencial del mercado que tiene. Cuando se habla de vendedores independientes, no es atractivo para la gran parte de las personas comenzar a trabajar en una organización donde no exista un salario o pago regular. Adicionalmente, el hecho de tener "independencia" hace que la organización sienta que no tiene el control. Todos estos elementos juegan un punto importante tanto en la concepción del contratante como la del contratado, pues el contratante debe saber explicar las maravillosas oportunidades que tiene el vendedor independiente y no enfocarse exclusivamente en un sueldo o salario.

Los vendedores exitosos saben que lo interesante del mundo de las ventas son las comisiones, a pesar de saber que existen gastos básicos de representación. Estos gastos de representación deben ser bien analizados por la empresa pues dependiendo de lo que se desea establecer y las áreas a cubrir será necesario o no establecer unos montos por transporte, teléfono o algunos gastos involucrados que sean básicos y necesarios.

En este punto podemos jugar con muchos aspectos y todo depende de:

- Tipo de negocio.

- Recursos para los vendedores.

- Atractivo paquete de comisiones.

- Compromiso y buena presentación del negocio a los vendedores.

- Claro diseño del perfil del mercado y del vendedor.

Con todos estos puntos desarrollados se puede diseñar un buen plan de búsqueda de los vendedores siguiendo los siguientes pasos:

a)   Diseño del perfil del vendedor:

Para el diseño del perfil debe realizar una lista de las características indispensables que usted considera debe tener el vendedor, tanto en el área personal, profesional, y de experiencia. Puede apoyarse en la Descripción de Cargo que realizó anteriormente y enfocarlo según su producto/servicio y así podrá ser más específico, pero no limitativo en la búsqueda del vendedor.

b)   Diseño del anuncio de búsqueda:

Con la información del perfil puede tomar algunas frases y palabras claves que deberá colocar en el anuncio. Es importante que el anuncio tenga el logo y nombre de su organización, esto le dará un aspecto de interés a los vendedores. Así su empresa sea muy pequeña el colocar el nombre de la organización permitirá que el candidato sienta interés en participar en el reclutamiento. Establezca un correo distinto donde las personas puedan enviar electrónicamente y físicamente el resumen curricular.

c)   Lista de lugares de publicación:

Dependiendo de la zona, localidad, y el perfil del vendedor, los lugares de publicación de la búsqueda deben ser variados. Puede utilizar los medios sociales digitales, los lugares públicos como bibliotecas, clubes, centros deportivos, centros comerciales, centros de reuniones. Todo bajo la permisología del lugar que le permita tener un acceso a un público exclusivo del nivel o área que usted está buscando. Puede también utilizar los caminos regulares tales como prensa, radio, revistas, páginas de cazatalentos, etc.

d)   Recepción y clasificación de resúmenes curriculares:

Una vez que tiene los resúmenes curriculares debe establecer un filtro para poder clasificar de mayor a menor las preferencias y así dar comienzo a las entrevistas. Dependiendo de la cantidad de vendedores que usted desee así como de la cantidad de resúmenes que usted reciba debe saber clasificar y tener un mínimo de tres personas por cada cargo. Si posee el tiempo trate de entrevistar hasta cinco para así tener un margen de decisión mayor.

e)   Proceso de entrevistas:

Para que el proceso de entrevistas sea productivo es recomendable que haya más de una persona en la organización que ayude en la selección, De esta manera, en un día, dos o más personas de la empresa se dedicarán a citar a los candidatos a diferentes horas y podrán dedicar como máximo una hora por cada candidato, es decir, que en tres o cinco horas, dependiendo de los candidatos, ya tendrá las entrevistas realizadas.

f)   Proceso de selección y reclutamiento:

Una vez que termina la sesión de entrevistas, es importante que se discutan los resultados y determinar cuál es el mejor candidato para el cargo. Recuerde que el proceso de selección es una de las principales causas de la alta rotación del personal dentro de una organización. Las consecuencias de una mala selección dan como resultado pérdida de dinero, tiempo y recursos que pudieron ser ahorrados si se hubiera establecido un buen método de selección. Recuerde que la actitud de una persona puede pesar más que cualquier experiencia, profesión, o conocimiento técnico. Es importante que usted conozca bien a quién quiere que represente a su empresa en la calle, quién va a ser esa imagen que sus clientes van a tener de su organización.

En cuanto al reclutamiento debe presentarse al vendedor cada detalle establecido en el "Convenio de vendedores". Ambas partes deberán estar de acuerdo con dicho documento y deberá ser firmado y distribuido entre las partes.

REUNIÓN Y ENTRENAMIENTO DE LOS VENDEDORES

Una vez contratados los vendedores es necesario realizar entrenamiento e inducción para que conozcan claramente tanto la organización como los servicios y productos que presta. Este tipo de entrenamiento puede variar dependiendo de la complejidad del plan de mercadeo que se tenga. Pero mientras más efectivo y corto sea este proceso, más rápido podrá tener a las personas preparadas para salir al campo de batalla.

En las reuniones que se plantean es necesario que estén presentes las personas claves de la organización así como aquel personal operativo que tendrá contacto con los vendedores.

Los temas a tocar en la reunión serían:

- Presentación del personal de la empresa.
- Misión, visión y objetivos de la empresa.
- Establecimiento de metas de ventas, áreas, productos/servicios.
- Condiciones y reglas generales de la organización.
- Horarios, uniformes, imagen, logos, documentos, material de trabajo.
- Entrega de material para la venta.
- Charla motivacional.
- Presentación de los documentos de control.
  - Convenio de vendedores.
  - Tabla de registro de prospectos y clientes.
  - Agenda, control de visitas, comunicación, campañas.
  - Control de ventas y comisiones.
- Sesión de preguntas y respuestas.

Una vez que se realiza esta reunión inicial se puede establecer una semana de entrenamiento e inducción en la que los vendedores podrán tener el tiempo para adaptarse a la organización así como conocer más sobre la empresa.

El proceso de inducción deberá contener:

1. **La empresa**

1.1 Presentación del material de ventas (carpeta descriptiva de productos y servicios así como promociones)

1.2 Manejo de valores, misión y visión de la empresa.

1.3 Establecer objetivos y metas. Práctica de seguimiento.

1.4 Establecimiento de rutas, planos, agenda.

1.5 Políticas de comunicación: email, teléfono, reuniones.

2.**Servicios y productos**

2.1 Conocimiento de producto y líneas

2.2 Técnica de despacho (cómo se coordina la prestación del servicio).

2.3 Aspectos administrativos y operativos de la prestación del servicio.

3.**Procedimientos internos (práctica)**

3.1 Liquidación de viáticos y gastos. Formato de liquidación.

3.2 Control de pagos de comisiones. Formatos.

3.3 Control y manejo de contratos con clientes. Formatos.

3.4 Control y rebaja de bonificaciones. Práctica.

3.5 Manejo y uso correcto de lista de precios.

3.6 Manejo de hojas de carga de información de quejas de clientes.

3.8 Manejo de reportes de supervisores.

4.**Salida a ruta**

4.1 Salida de rutas. Práctica con supervisor.

4.2 Abordaje de un cliente y proceso de venta.

4.3 Pasos básicos de la venta. Práctica con supervisor.

4.4 Prueba de abordaje de un cliente por parte del vendedor.

INICIO DE ACTIVIDADES DE VENTAS

Una vez que el vendedor haya recibido la inducción, sea una o dos semanas, comienza el proceso de ventas, en el cual deben salir solos a la búsqueda de clientes tomando en cuanta las metas establecidas en el paso anterior.

Es fundamental establecer metas para el proceso de ventas, pues el simple hecho de salir a vender sin tener una meta final en el tiempo puede ser una pérdida de tiempo y recursos. En la actividad de ventas es necesario el seguimiento y control que permitirá a la organización monitorear a la actividad y al vendedor, y será un instrumento de medición para poder demostrar su labor.

En cualquier tipo de negocio los primeros meses de ventas no son tan exitosos, pues es necesario conocer el mercado, el comportamiento del cliente, las maneras de hacer contactos. Puede abrirse una gran gama de oportunidades y va a depender mucho de las habilidades y creatividad del vendedor. Esta guía ayuda mucho a establecer un orden en cuanto a la administración de las ventas, pero la forma en que los vendedores van a buscar las diversas alternativas para ser más exitosos dependerá en gran parte de ellos. Podrá encontrar información en los kits de negocios que poseemos tales como: "Diseña tu marketing del negocio", "Estrategias para convertir tus clientes en socios", "Alianzas con la competencia". En esos kits podrá encontrar mejores formas para enfrentar cualquier tipo de mercado con nuevas herramientas, innovadoras estrategias y tácticas fáciles y económicas de aplicar a su negocio.

También puede buscar nuestra página web www.90daysolutions.com donde siempre hay información actualizada y consultar cualquier duda que tenga.

El comienzo de las actividades de ventas debe tener varios principios tales como:

- Regularidad en las reuniones semanales en cuanto a día y hora. Hacer de esto una práctica de rutina dentro de la organización.

- Constante contacto telefónico, email, etc. entre el vendedor y el supervisor o persona que representa a la empresa.

- Que las propuestas de venta que sean presentadas por el vendedor a la empresa sean realizadas lo más pronto posible y entregadas al cliente en la fecha convenida.

- Que el vendedor sienta apoyo constante por parte de la organización.

- La imagen del vendedor debe ser cuidada pues es parte de la empresa así se considere independiente.

- El control y seguimiento debe ser manejado con cuidado, tan sutil como la seda y constante como el tiempo.

SEGUIMIENTO SEMANAL Y MENSUAL DE LAS VENTAS

Con la puesta en práctica de los documentos de control que le hemos facilitado usted podrá hacer el seguimiento de las ventas. A su vez estos controles le podrán brindar información valiosa tanto para conocer la gestión del vendedor como para conocer el comportamiento del mercado, base de datos de prospectos y clientes. El manejar un seguimiento controlado y constante es la mejor forma de poder determinar si algo está funcionando o no.

En el mundo de las ventas y dentro de la diversidad de actitudes de los vendedores se pueden presentar distintos tipos de personajes que pueden crear una cortina de humo entre la realidad y la fantasía. Muchos vendedores tienen el arte de embelesar a las personas y esto muchas veces lo pueden hacer con la empresa para la cual trabajan. Por eso es importante establecer las reglas claras desde un principio, pues el tema de control y seguimiento no es un elemento atractivo para ellos ya que consideran las ventas como un arte que puede perder inspiración cuando se colocan controles.

En estos casos si la empresa desde un principio pone sobre la mesa las reglas del juego, se hace el convenio y se firma el acuerdo, esto podrá poner el control como parte del maravilloso arte de vender bajo técnicas de seguimiento y control sin perder esa magia que los vendedores predican.

El control de las visitas semanales, la cantidad de propuestas hechas y los cierres de ventas son números que deben ser manejados y controlados semanalmente.

Por ejemplo, si se establece la meta de que el vendedor debe visitar como mínimo a ocho posibles clientes a las semana, estos ocho posibles clientes pueden requerir unas cuatro o cinco propuestas u ofertas de negocios, las cuales podrían representar una o dos ventas a la semana. Con este método el vendedor podrá ir experimentando las técnicas de ventas que le permitieron establecer una propuesta, y la manera de presentarla para que pudiera convertirse en venta.

En esta práctica de utilización del "Control semanal de visitas", y el "Registro de prospectos y clientes", estos dos documentos deberán ser actualizados diariamente y presentados en la reunión semanal para el análisis y discusión entre los vendedores y la organización.

Al cierre del mes es importante tener los totales de toda la gestión:
- Número de visitas realizadas.
- Número de propuestas presentadas.
- Número de ventas realizadas.

- Total de servicios/productos vendidos.
- Monto total vendido al mes.
- Total de comisiones a pagar.
- Bonos y otros beneficios.

En las reuniones semanales es importante que se tomen en cuenta estos datos numéricos y cuán cerca o lejos se está de alcanzar la meta. Esta puede ir variando en el tiempo dependiendo del comportamiento de los números y el mercado. También es importante que se verifiquen las estrategias utilizadas y se discutan dentro del grupo de vendedores para que así pueda haber una retroalimentación de información entre cada uno de ellos, la organización y el mercado.

PAGOS, POSTVENTA, CIERRE

El pago a los vendedores debe hacerse según la fecha acordada en el convenio. La responsabilidad de la organización en cuanto a esta cancelación es vital, pues un vendedor desmotivado, que se sienta defraudado con un acuerdo puede ser muy peligroso para la organización.

Es necesario que se tomen las previsiones para los casos en los que la organización no tenga todavía cobradas algunas facturas de ventas, de manera que eso no afecte el acuerdo con el vendedor. Con un buen manejo de las finanzas y el control de los pagos se podrá tener un buen ambiente de trabajo que garantice la armonía de este sistema de vendedores independientes.

El proceso de postventa incluye actividades donde el vendedor esté pendiente de su cliente para corroborar que se encuentra satisfecho con el producto/servicio

adquirido. Recuerde que un cliente satisfecho puede hacer crecer su negocio de manera exponencial y que la mayoría de las ventas se hacen en base a recomendaciones de clientes satisfechos. Pero igual de poderoso es un cliente insatisfecho, este podrá destruir gran parte de su negocio si usted no toma en consideración su queja o reclamo.

La organización debe poseer métodos de controlar las quejas y reclamos de los clientes. En este caso los vendedores también son un instrumento de comunicación entre el cliente y la organización.

Cuando se realiza el cierre de las ventas y se hacen los pagos respectivos, es importante tener un sistema de gratificación adicional, que puede ser manejado con las figuras del mejor vendedor del mes, el que trajo más propuestas, el que rescató un mercado, el que pudo vender más determinado tipo de productos, etc. Este tipo de reconocimiento hace que se cree una ambiente sano de competitividad y retos dentro de la organización que convierta al negocio en un lugar apasionado para los vendedores.

REGISTROS DE PROSPECTOS Y CLIENTES

FECHA DE VISITA	NOMBRE CLIENTE	PERSONA CONTACTO	DIRECCION, TELEFONO	DIRECCION DE CORREO	REQUERIMIENTOS	FECHA PROPUESTA	FIRMA

90 DÍAS DE DESAFÍO

CONTROL DE VISITAS

NOMBRE CLIENTE	FECHA PLAN VISITA	FECHA REAL VISITA, HORA	DIRECCION, TELEFONO	ACUERDOS ESTABLECIDOS	PORQUE NO SE VISITO	FECHA PROXIMA VISITA	FIRMA

90 DÍAS DE DESAFÍO

CAPÍTULO 10 (Día 75)

Planifica, Controla Y Dirige

Cuando hablamos de planificación y control podemos presentarle todo un tratado con información sobre cómo hacerlo, pero el punto más importante aquí será la forma en que usted conciba el concepto de **planificar, controlar y hacer seguimiento**. Estos factores son los que pueden hacer que su visión, misión y objetivos se cumplan. No se hace nada con todos los elementos que hemos descrito y trabajado en los días anteriores, si no existe planificación, control y seguimiento de cada actividad a través del tiempo.

Esto debe convertirse para usted no solo en un concepto para manejar las actividades; debe formar parte de su vida, de sus creencias, de su actitud. Con los años de experiencia hemos desarrollado proyectos tanto en papel como en la ejecución física, en los que hemos podido dirigir la planificación y ejecución de grandes proyectos de envergadura, como por ejemplo: la instalación de una planta procesadora de gas en solo ocho meses, desde que se hizo el movimiento de tierras hasta que todas las instalaciones estaban funcionando con oficinas, áreas de recreación inclusive. El tener esa experiencia nos hace entender cómo un buen plan, unido con un control bien definido y un seguimiento diario de cada una de las actividades que se realizaron, fueron el secreto para poder lograr hacer grandes cosas, en corto tiempo y con los costos bien estructurados para que cada actividad fuera productiva y eficiente.

Este tipo de ejemplo pude hacer que en su mente piense y se diga: *sí, pero es que tenían todos los recursos a la mano, por esa razón lo lograron*. Le podemos decir que hemos participado también en otros proyectos donde todos los recursos estaban a la mano y no se logró la ejecución en el tiempo y hasta hubo pérdida de dinero y recursos. El punto aquí es la habilidad de poder ver cada elemento, llámese recurso, conocimiento, orden, plan, disciplina o método. Otro punto importante es que el líder de ese grupo entienda que debe cumplir con el plan, claro está, si el plan está bien diseñado.

En este capítulo queremos despertar en usted el valor y la actitud del manejo de un plan y el control del mismo. Sabemos que no todo en la vida se puede planificar, pero sí es importante saber cuáles cosas se deben planificar y hacerlo. No dejemos en manos del destino decisiones que son nuestra responsabilidad, y tampoco culpar al entorno por lo que nos ha ocurrido en nuestra organización y mucho menos en nuestras vidas. El tomar estos elementos como un instrumento o herramienta vital para el negocio es lo que necesitamos que usted entienda.

Una de las principales características de la planificación, control y seguimiento (PCS) es la vinculación que tiene cada elemento entre sí para poder funcionar de manera productiva. Queremos llevar esta información hasta las células de su mente para que sus acciones sean realizadas con la mayor conciencia posible. Permítanos hacer una comparación entre este concepto de PCS con el comportamiento del ADN, en donde cada compuesto del ADN está formado por muchas unidades simples conectadas entre sí, como si fuera un tren formado por muchos vagones y la información que viaja en ese tren viene a ser la codificación genética. Esa información genética afecta completamente a todo su cuerpo, tanto en el aspecto físico como mental. De esa misma forma cuando el PCS no está funcionando bien se desencadenan problemas que afectarán a toda su organización.

El describir todo este concepto del ADN nos permite fundamentar el concepto de PCS como un proceso sistemático cuyos elementos se interrelacionan entre sí, y pueden ser administrados para el logro de un objetivo o meta específica. Cada uno de esos elementos contiene información en sí, que puede ser copiada, reproducida y puesta en práctica para su automejora y transformación.

Para ampliar el concepto nos imaginamos una planificación rutinaria en la cual cada recurso que interviene (tiempo, materiales, equipos, personas) se vincula a una actividad que puede ser puesta en práctica y evaluada constantemente y en la que cada recurso tiene la información grabada de la visión y objetivo que se pretende alcanzar para garantizar la optimización y efectiva utilización. Además, dicho proceso puede tener la capacidad de autogeneración de información, en la medida que se van gestionando las actividades y van siendo puestas en práctica, logrando así su transformación y redefinición.

Cuando hablamos de transformación y redefinición de un elemento, este se puede aplicar a una organización, un hogar, una sociedad. Es el proceso en el cual no hay vuelta atrás, en donde el cambio se da de forma profunda e integral, cada elemento involucrado se ve afectado y el cambio amerita una nueva definición: "redefinición".

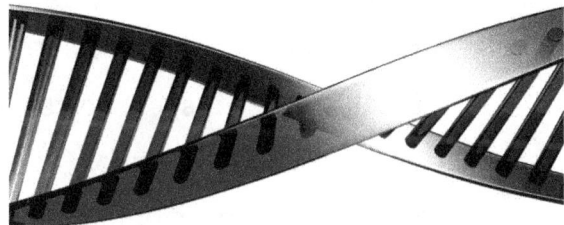

Una vez que ya entienda el concepto y lo introduzca en el ADN de su mente y sus células podemos darle las herramientas prácticas para el uso y la acción.

PRINCIPIOS PARA PLANIFICAR

Ya en el capítulo uno tenemos técnicas de cómo manejar el plan de los 90 días, así como un plan semanal que le permite monitorear el comportamiento de lo que ha podido realizar o no, y el análisis de las causas. Ese primer ejercicio y su cumplimiento le va a ir creando el hábito del control y seguimiento. Ahora vamos a reforzar cómo usar ese mismo método para la parte operativa de la organización, los proyectos y cualquier nuevo reto que se emprenda, sea las campañas de publicidad, campañas internas de mejoras, etc. Esta herramienta la puede usar en distintas áreas.

Existe una serie de principios que debe seguir:

•	Definir claramente las necesidades que se tienen en el plan que va a realizar.

•	Determinar las actividades que involucran el alcanzar el objetivo que desea.

•	Clasificar las actividades por tipo, niveles de desempeño, cronológicamente, como usted considere mejor trabajarlas.

•	Establecer la duración de las actividades.

•	Establecer las prioridades de las actividades en el tiempo.

•	Establecer los responsables involucrados en las actividades.

•	Determinar los recursos asociados a las actividades, sean materiales, mano de obra, equipos, dinero, etc.

•	Determinar los vínculos de precedencia entre una actividad y otra. Esto se refiere a actividades que pueden realizarse en paralelo, o que algunas dependan de otras, es decir, luego de finalizar una, comienza la otra.

•	Revisar si las actividades están bien detalladas o ameritan colocar grupos de tareas que hacer para que la actividad se logre.

•	Tomar en cuenta las posibles interrupciones, retrasos e inconvenientes.

• Cuando una actividad es muy compleja debe dividirlas en varias tareas sencillas.

• Determinar cuándo se realizarán los seguimientos y cómo se van a hacer.

• Verificar que cada quien entienda el alcance de las responsabilidades que están establecidas en el plan.

• Establecer los criterios y reglas para la re-planificación, cambios de fecha, cambios de responsabilidad, cambios de prioridades, etc.

• Apóyarse en tecnología adecuada para el uso de la planificación y el seguimiento.

PRINCIPIOS PARA CONTROLAR Y HACER SEGUIMIENTO

El establecimiento del control y seguimiento a su plan se debe convertir en un hábito con el que cada día o hasta varias veces al día usted pueda ir midiendo el progreso o no de las actividades planeadas. Con esto no queremos decir que usted vivirá con una lista de chequeo en la mano verificando todo el día, pero para la creación del hábito deberá usar diversas técnicas que luego se convertirán en costumbre en su mente a la hora de saber cómo van las cosas en su organización.

Si usted es de las personas que olvida mucho las cosas pendientes, el manejo de la agenda y la lista de verificación serán de gran ayuda. Puede tenerla a la mano con el uso de la tecnología, sea su teléfono, su computador o cualquier otro dispositivo. En caso de que no sea muy amigo de la tecnología, maneje el papel que de igual forma le ayudará al control del seguimiento.

El control puede convertirse en una tarea tediosa, pero véalo como un instrumento de medida, como si el control de su organización pueda ser un aparato físico como un termómetro que usted coloca en distintas áreas para ver cómo está la temperatura y así saber si todo va bien o debe comenzar a abrir ventanas, o cerrarlas, o colocar más baja la temperatura del aire acondicionado o de la calefacción. Su mente debe entender que es un mecanismo para medir el comportamiento de la organización sin la necesidad de colocarle cargas emocionales que produzcan problemas dentro de la organización, sea con sus socios o empleados.

Entre algunos principios a seguir tenemos:

• Establecimiento de los criterios de control. Aquí debe dejar clara la frecuencia, tipo, datos que se van a controlar para el seguimiento del plan. Este criterio puede ser desde el diseño de un formulario de recolección de data diaria, semanal o según usted lo establezca, hasta la comparación de lo planeado versus lo logrado.

• Establecer la frecuencia del control y su alcance, hasta dónde se verifica y cuándo se verifica.

• La independencia del control; que no existan conflictos de intereses entre el que recolecta la información y quien la ejecuta, pues el hecho de no ser objetivo con los datos no favorece a la organización.

• Realizar reuniones, entrevistas, recorridos, pues también son técnicas de control y seguimiento.

• Controlar las variables que se vinculan con la planificación de manera independiente, sean los costos, los tiempos, los recursos, para que obtenga un mejor análisis de las partes.

• Determinar cuáles tareas son críticas y cuáles no para la ejecución de las actividades y el cumplimiento del plan.

• Darle mayor importancia y control a las tareas críticas para optimizar los recursos.

• Tomar acciones correctivas de manera inmediata para poder evitar atrasos en el cumplimiento de las tareas.

- Hacer revisiones generales del plan original y hacer ajustes si son necesarios para optimizarlo.

- Involucrar a otras personas que puedan tener una visión de auditor en el seguimiento y control.

- Hacer cambios de recursos, sea para agregar o eliminar tanto en manos de obra, materiales, equipo, tiempo o dinero.

- Analizar los desvíos del plan y convertirlos en aprendizajes.

- Tomar decisiones con base en los datos de registros y no en las emociones.

- Cuidar de no acelerar o retardar alguna actividad por simple capricho.

- Cuando necesite hacer cambios de prioridades pregúntese si esa actividad afecta a otras personas y tome la mejor decisión.

- Hacer proyecciones de situaciones para verificar los posibles riesgos para considerar planes alternativos o planes de contingencia.

- Para las actividades críticas siempre debe tener un plan de contingencia a la mano y saber cuándo usarlo.

- Mantener la comunicación abierta entre los integrantes del plan; que cada quien conozca cómo van las actividades y muestre los datos del seguimiento y control.

- Realizar reuniones periódicas para que se discuta el avance.

- Cuando el plan esté demorado, debe reconocerlo, pues el no reconocimiento no ayudará a que este mejore. Reconozca y tome acciones.

- Usar técnicas de negociación en aquellos casos en los que los atrasos son netamente un factor humano y busque integrar más que dividir.

- Postergar la toma de decisión no ayudará al avance del plan.

- Cuidar mucho la buena comunicación (Capítulo 4).

- Cuidar las relaciones entre las personas.

Manejo del tiempo

El tiempo es interpretado de manera distinta por cada persona. La percepción del tiempo para cada quien es un misterio que se ve reflejado luego en los resultados de sus vidas. En el momento en el que hacemos comentarios a otras personas indicándoles que ellos tienen más tiempo que uno creemos que esa persona posee unas veinticinco o hasta treinta horas al día y uno solo veinticuatro. Todos tenemos la misma cantidad de tiempo, el punto está en cómo usted utiliza las veinticuatro horas que tiene el día.

Hay otras personas que usan la típica frase: *"...sí, yo lo hago más tarde"*. ¿Cuándo es más tarde? El hecho de que usted indique un espacio infinito en su meta, la hace inalcanzable o simplemente la va realizar aceleradamente pues el *más tarde* se convertirá en *apúrate, ya no hay más tiempo*. Vea que con simples ejemplos podemos recrear ese fantasma que hay en su mente con respecto al tiempo.

El más tarde, puede ser treinta minutos después, una hora, un día, ¿cuánto es más tarde? Si al contrario usted responde: *"eso lo hago antes de las 4 pm"*, o *"eso lo hago en una hora"*, ya su mente se activa a terminar lo que está haciendo en este momento y está pendiente de terminar lo acordado según lo establecido. Hay otras frases como: *algún día, tal vez, es posible que lo haga*, en fin todas esa frases no nos permiten llegar a la productividad que necesitamos.

Entonces usted puede pensar en qué será lo que está haciendo que lo retrasa en las actividades: ¿qué no está funcionando bien?, ¿será que el método que estoy utilizando no funciona?, ¿es que tengo muchas distracciones, o estoy intentando hacer más de lo que puedo?

Existen tres términos en el manejo del trabajo productivo que es importante mencionar y son:

1.	Contenido básico.

2.   Contenido suplementario.

3.   Tiempo improductivo.

1.   **Contenido básico:** El contenido básico es el tiempo mínimo necesario para realizar el trabajo en las condiciones necesarias, es decir, es la labor en sí de ejecutar la actividad sin interrupciones.

2.   **Contenido suplementario**: Es el tiempo necesario para la preparación de todos los materiales, equipos, documentos, cualquier recurso que necesite para hacer la labor o el llamado contenido básico. Aquí están la búsqueda de información, ajustar equipos, herramientas no disponibles. Es todo ese tiempo que no es productivo pero es necesario para preparar la producción.

3.   **Tiempo improductivo:** Es el tiempo en el cual tanto la personas como los equipos o maquinarias se encuentran inactivos por deficiencias de cualquier índole. Sea por falta de planificación, cambios en los planes, equipos dañados, accidentes, ausencias, retrasos, distracciones, etc.

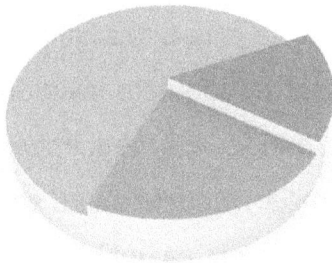

El punto aquí es buscar reducir lo más posible tanto el tiempo invertido en el contenido suplementario así como el tiempo improductivo. De esta forma usted invertirá la mayor parte del tiempo en el contenido básico lo que le permitirá ser más productivo y eficiente.

A continuación usted realizará un ejercicio que le permitirá evaluar mejor su gestión del manejo del tiempo y así lograr la eficiencia que necesita.

Ejercicio:

Haga una lista de las actividades que realizó el día de ayer o un día muy ocupado que usted considere importante de analizar. Desarrolle la lista de manera cronológica colocando las especificación de las tareas o actividades cada treinta minutos o cada hora.

Luego identifique cuáles actividades son de contenido básico, cuáles suplementarios y cuáles de tiempo improductivo.

Una vez que determina el tiempo invertido en cada uno de estos tres grupos de actividades, indique el tiempo total invertido al día y el porcentaje que le corresponde a cada grupo.

De esta forma usted podrá determinar si realmente su día de trabajo fue productivo o no.

Resultado: El tiempo de contenido básico debe ocupar más del 60% del tiempo al día, el suplementario debe ser un aproximado de 25% y el improductivo por debajo del 15%.

CÓMO ELIMINAR LAS CAUSAS

Para poder eliminar un problema usted debe examinar la causa raíz que provoca el problema. Con el ejercicio anterior usted pudo notar dónde está invirtiendo su tiempo y si esa manera de invertirlo le está dando los resultados que experimenta en su negocio y en su vida personal, familiar, y hasta en su salud.

Primero debe entender que el **tiempo es limitado** y no es infinito, que las actividades **tienen prioridades**, y que todo depende de cómo usted **planifica su tiempo**.

Determinación de prioridades: Lamentablemente la mayoría de las decisiones sobre prioridades no son realizadas conscientemente y por consecuencia no se reflejan en los objetivos que usted se pudo haber planteado. Cuando usted sospecha que algo es prioritario es posible que se esté convirtiendo en algo urgente, y la urgencia puede crear confusión acerca de si la actividad es prioritaria o no. Cuando vemos algo urgente sabemos que no puede esperar y cualquier actividad que usted tenga de forma planificada se viene abajo porque la urgencia tiene la capacidad de destruir cualquier plan. Existen personas que viven en una constante urgencia, para ellos en su mente nada puede ser planificado y hasta tienen la sensación de que trabajan mejor bajo presión en un ambiente de urgencias. Eso puede funcionar en algunos casos, cuando su trabajo no es en equipo y no tiene que arrastrar a otras personas en la avalancha de la urgencia. Pero si trabaja con otras personas esto puede ser causante de constantes problemas.

Otras de las características que tiene la urgencia es que viene cargada de emociones que se pueden convertir en manipulaciones. Esa carga emocional pone en riesgo los recursos, el tiempo, y en muchos casos puede ocurrir que las acciones no estarán apuntando a los objetivos.

Para poder tener un criterio objetivo de cómo colocar las prioridades en orden es necesario tener claro cuáles son los objetivos que se pretende alcanzar.

Para establecer los criterios hágase las siguientes preguntas:

- ¿La actividad apunta a algún objetivo establecido?
- ¿Existe fecha tope para la realización?
- ¿Alguien está esperando por su actividad?
- ¿La actividad es requerida para la alta dirección del negocio?
- ¿Qué pasaría si no se hace la actividad?

Determinación de objetivos: Existen distintos tipos de objetivos, sean personales, laborales, familiares. Aquí vamos a enfocarnos en los objetivos del negocio y en desarrollar la estrategia para que usted pueda identificar si las actividades que realiza están apuntando a los objetivos del negocio y saber cómo establecer las prioridades de los mismos. Cuando esté pensando si una actividad está enfocada en los objetivos hágase las siguientes preguntas:

•   ¿Esa actividad apunta a sus objetivos o a los objetivos de otros?

•   ¿Ese objetivo es claro y entendible para los integrantes de la organización?

•   ¿Se tiene claro que el objetivo se puede medir y se conoce para cuándo debe ser alcanzado?

•   ¿Esa actividad esta alineada con los objetivos de la organización?

Planifique su tiempo: La clave para el uso efectivo del tiempo consiste _en aceptar lo que no podemos controlar y controlar lo que sí podemos_. El aprender a discernir entre estas dos variantes nos da la capacidad de poner la energía y el esfuerzo en el camino indicado. También es importante determinar los desperdiciadores de tiempo o los llamado ladrones de tiempo, son esas actividades que nos quitan no solo tiempo sino energía y no permiten que avancemos. Esos desperdiciadores de tiempo pueden ser externos cuando son generados por alguien más, o internos cuando son generados por nosotros mismos.

Existen muchas causas por las cuales desperdiciamos el tiempo y aquí les enumeramos algunas:

1.   Hacer trabajos por encima de su propia capacidad.

2.   Tolerar demasiadas interrupciones.

3.   Despachar asuntos triviales, de poca importancia.

4.   Trabajar sin un plan.

5.   Decir "sí" a demasiadas personas.

6.   Dejar para "más tarde".

7.   No saber qué cosas delegar.

8.   Falta de autodisciplina.

9.   Irse a los detalles cuando no es necesario.

10.   Perfeccionismo.

11.   Cambio de objetivos inmediatos con mucha frecuencia.

12.   Desconfianza excesiva en quien delega.

Para cerrar este capítulo le recomiendo que sea usted su propio vigilante, la auto observación de lo que usted está realizando le permitirá tener claro dónde está usted desperdiciando su tiempo y tomar acción en:

*   Fijar objetivos.

*   Establecer las actividades.

*   Fijar las prioridades.

*   Planificar.

*   Controlar y hacer seguimiento.

*   Re-planificar, ajustar y mejorar.

EJERCICIO MANEJO DEL TIEMPO

HORA	ACTIVIDAD	T. CONT	T. SUP	T. IMP
	TOTAL TIEMPO EN HORAS			
	TOTAL TIEMPO PORCENTUAL			

CAPÍTULO 11 (Día 80)

El Cambio. Cómo Motivar Y Liderar

Los únicos cambios que usted puede hacer en su negocio son los que realice en este momento. Tener en su mente una meta o el camino deseado es bueno, pero si usted no toma acción hoy, el cambio nunca va a suceder. Los cambios a futuro, a largo plazo no se materializan, a menos que se tomen medidas en la actualidad. Cuando en una organización se habla de cambios, se comienza a construir una pared de resistencia. La organización trata de implementar procedimientos y procesos nuevos y se convierte en una lucha contra la corriente; ni siquiera los procedimientos viejos continúan funcionando, pues el ambiente se torna confuso, algunas personas se paralizan porque están esperando "el cambio". Por otra parte, hemos escuchado decir de manera incongruente que algunas empresas no pueden permitirse el lujo de realizar ningún cambio hasta que el negocio mejore.

Un cambio inmediato dinamiza a su negocio, a sus empleados , a sus clientes y lo más importante a usted. Muchas empresas exitosas implementan con sus empleados el manejo de la actitud de: "adoptar, adaptar, o salir del camino". El cambio es presentado como una fuerza positiva y crea una atmósfera de "crezcan conmigo".

La participación de los miembros claves de la organización ayuda a mover su negocio adelante. En ocasiones la remoción de empleados que se ven como obstáculos en el camino ayuda a la motivación y al entusiasmo del resto del personal. Esto puede causar varios tipos de reacciones; en algunos casos podrá generar tensión en el equipo, pero si se establece una comunicación abierta y sincera entre los líderes y los integrantes de cada equipo, donde estos asumen el compromiso de llevar adelante el cambio y se toma como regla el "adoptar, adaptar , o salir del camino", no debe existir resistencia, miedos, ni malos entendidos.

Por otra parte utilice a sus proveedores y clientes en todos los aspectos de su movimiento de cambio, y así podrá lograr su apoyo y compromiso. Involucrar a los proveedores y clientes tiene un doble beneficio pues es una manera de demostrar su intención de mejorar la organización y también puede obtener su ayuda para facilitar el proceso de cambio y que sean parte de su exitoso "equipo del cambio".

Cuando se habla de cambios, actitud y motivación debemos pensar en cómo usted y los líderes de su organización pueden conectarse con sus equipos de trabajo, cómo lograr esa empatía, esa conexión en la que *exista la confianza, la libertad para expresarse, y el compromiso*.

Liderazgo

El liderazgo de la organización por lo general se centra en un solo líder que utiliza la influencia y el poder de comunicar y difundir el cambio en ella. Esta actividad comienza generalmente en la parte superior con un enfoque fuertemente de arriba hacia abajo, desde la dirección estratégica. En este enfoque hay una serie de ventajas y desventajas que veremos más adelante.

El enfoque a primera vista parece ser un proceso muy sencillo y eficaz para decidir sobre las nuevas orientaciones de la organización y conseguir las directrices para hacer los cambios. Este proceso lleva a la transformación organizacional a través de la visión de una transición lógica que proporciona las pruebas para iniciar el cambio; crea una visión emocionalmente atractiva, la cual avanza mediante la gestión de los procesos, la capacitación , el apoyo, la colaboración, y va solidificando el cambio a través de una medición y sistema de recompensas que fortalece a los integrantes del equipo.

Para tener éxito, muchos de estos enfoques se basan en la relación interpersonal que el líder tiene con los seguidores . Por ejemplo, los líderes transforman a través del poder de influir sobre los seguidores desde el interior; los líderes carismáticos poseen el poder de influenciar a los seguidores a través de la transformación de afuera hacia adentro. Inspiran a través de un nivel adicional de conexión personal, que incluye un manejo de valores, moral, principios que pueden ser vistos como un llamado o una meta que trasciende en los corazones de los seguidores.

Los líderes pueden ser más eficaces cuando se relacionan con los miembros de los grupos mediante relaciones interpersonales. Las acciones que estos líderes deben demostrar van desde el apoyo mutuo, la confianza y el respeto, así como la lealtad y la influencia con el grupo. El compartir actividades sociales entre los líderes y los grupos permite una mejor manera de manejar la integración de los miembros de los equipos y el manejo de la recompensa y disminución de las posibles tensiones ocasionadas por los cambios.

En nuestra participación en un proyecto de cambios que realizamos en una organización mediana, la sensación que se respiraba en el ambiente al inicio del proyecto era de *"otro supuesto cambio más y todo sigue igual"*. Este es otro fenómeno que se puede presentar a la hora de establecer un proyecto de cambio. Cuando una organización ha tratado de hacer proyectos de cambios y no los ha culminado, o simplemente los menciona pero no actúa, ya sea porque no estableció un plan o simplemente porque no pudo demostrar que el cambio generó beneficios, esto puede ser un búmeran que se devolverá de manera dramática para la organización.

Es por eso que le recomendamos establecer un plan y sobre todo tomar las mediciones necesarias de los elementos que pretende cambiar y establecer una meta. No es lo mismo decir que va a mejorar las ventas de la organización para este año, a que diga que va a mejorar las ventas incrementándolas en un 20% en los próximos tres meses. El establecer las metas a alcanzar a la hora de iniciar un proceso de cambio es fundamental. Así se eliminan las suposiciones de los participantes de los equipos que sientan que están inmersos en cambios donde trabajarán más y no visualizan los beneficios.

Cuando se manejan los cambios de la organización se establecen cuatro etapas de transformación que son: **obligar , inspirar, guiar, e implementar**.

Para el manejo de esas cuatro etapas se deben utilizar dos tipos de líderes: los transformacionales y los carismáticos. Estos tipos o clases de liderazgo pueden estar en dos personas distintas o también una misma persona puede poseer ambas cualidades y sabrá manejarlas a la medida dependiendo de las circunstancias que se presenten, de forma tal que pueda hacer cumplir el proceso de obligar, inspirar, guiar e implementar bajo las siguientes premisas:

1 . Transformar los valores, creencias y actitudes para fortalecer las acciones de cambio necesarias dentro de la organización.

2 . Comunicar una visión convincente del futuro.

3 . Desarrollar un fuerte apoyo emocional para la visión y misión.

El carisma puede ser solo uno de una serie de posibles atributos que posee un líder. También puede incorporar la honestidad, optimismo, capacidad de comunicación, la confianza y la consideración. Los líderes carismáticos usan su conexión relacional especial, derivado de la química de su vínculo con los seguidores. Esa química les permite influir en las emociones y fortalecer su liderazgo en la situación dada. Sin embargo, los líderes transformacionales sin carisma pueden inspirar a otras personas emocionalmente mediante una mayor conexión y la atención interpersonal e intelectual.

Durante las etapas de **obligar e inspirar** la transformación, <u>el líder transformacional</u> no carismático puede necesitar depender de <u>la lógica, los valores y las creencias</u>, de manera de generar vínculos interpersonales directos con los seguidores más que del uso del carisma para inducir el cambio . Durante las etapas de **guiar e implementar**, el líder transformacional ofrecería un <u>mayor desarrollo, apoyo y capacitación</u> a los seguidores mas que <u>el líder carismático</u>, así como también dará <u>reconocimiento y recompensas</u> a otros para su realización, creando equipos funcionales y autosuficientes.

Con la variedad de situaciones que se pueden tener en la organización y las diversas personalidades de los líderes y de los seguidores, vamos a echarle un vistazo a una situación en la que en la organización se mantiene una cultura de que hay cantidad limitada de tiempo para la ejecución de las actividades rutinarias de la empresa y muchas decisiones deben hacerse con urgencia. La falta de tiempo y la urgencia pueden requerir un estilo de liderazgo autocrático y orientado a las tareas. De hecho, parece que las tareas urgentes pueden prevalecer sobre muchas de las otras consideraciones .

Aquí les sugerimos analizar al jefe, los subordinados, y la situación o el tiempo con el fin de obtener el máximo beneficio. Los factores tales como el conocimiento del líder, el estilo de liderazgo preferido, y la confianza en las capacidades de los seguidores ayudan a proporcionar antecedentes sobre el tipo de liderazgo hacia donde el líder puede inclinarse.

Los líderes con una mejor relación y una confianza desarrollada con los seguidores tienen una mayor influencia. Sin embargo, en el caso de la situación con la cantidad de tiempo limitado, el líder debe desarrollar las habilidad de manejar las situaciones bajo la presión del tiempo, pero sin perder el poder de influencia que debe mantener con su equipo de seguidores. El manejo de la efectividad y el brindar el ejemplo a través de las acciones es la mejor forma para que los seguidores mantengan la motivación a seguir los lineamientos.

Al mirar a la teoría de los recursos cognitivos y haciendo hincapié en la investigación de cómo las capacidades intelectuales, la experiencia y los conocimientos pertinentes de trabajo pueden ayudar a formar una teoría del liderazgo efectivo, nos encontramos con una información interesante: el conocimiento y el intelecto son rasgos positivos de un líder. Aunque ambos se tocan en un sentido, en otras teorías, nos sorprendió el nivel de apoyo que estas características ofrecen al liderazgo. El tener la experiencia aumenta el nivel de desempeño del líder bajo condiciones de estrés. Usted puede imaginar el nivel de estrés que algunos líderes de gestión del cambio deben enfrentar. Deben ser capaces de dirigir basándose en la experiencia necesaria para mantener un control emocional del estrés.

La capacidad intelectual de un líder promueve el desempeño del grupo de manera positiva cuando los seguidores son de apoyo y el líder es la directiva, pero no tiene ningún impacto en los grupos que no son de apoyo. El líder intelectual está aparentemente ausente en los modelos de contingencia, debido a que su personalidad se limita en los momentos de alto estrés, pero se puede incorporar en el conocimiento, la confianza y la autoridad de ese tipo de líder. La lección aquí es que los líderes inteligentes son muy beneficiosos. Solo deben manejar un balance en cuanto a la experiencia y el tipo de grupos y situaciones que deben conducir.

CÓMO HACERLO

Una vez que haya determinado el lugar donde quiere estar, será hora de empezar a hacer cambios. Reuniones de rutina deben ser programadas para hacer frente a cada paso con su "equipo del cambio". Enfóquese en el logro de las metas a corto plazo.

El simple hecho de que usted ya esté aquí culminando el plan de los 90 días, en los que ha ido realizando las distintas tareas y actividades que este plan le brinda, ya es parte de ese cambio que comenzó a realizar desde el día uno. Sabemos que sobre sus hombros pesan muchas responsabilidades, pero el compromiso que usted ha adquirido con su organización no le permite dar un paso atrás luego de haber iniciado este proceso. Ya la información la tiene en sus manos, ya el conocimiento está transitando por su ADN, ya los objetivos y las metas están determinadas, solo queda seguir adelante, poner la acción requerida y proyectar esa pasión y entusiasmo que solo usted sabe brindar a su equipo para que sienta la confianza y el compromiso de acompañarlo en este camino al éxito.

En primer lugar haga los cambios visibles, que la gente sepa que usted está escuchando a sus clientes, empleados y proveedores. Que usted está dispuesto a asumir el reto de cambiar la organización apoyado por su equipo de trabajo, y

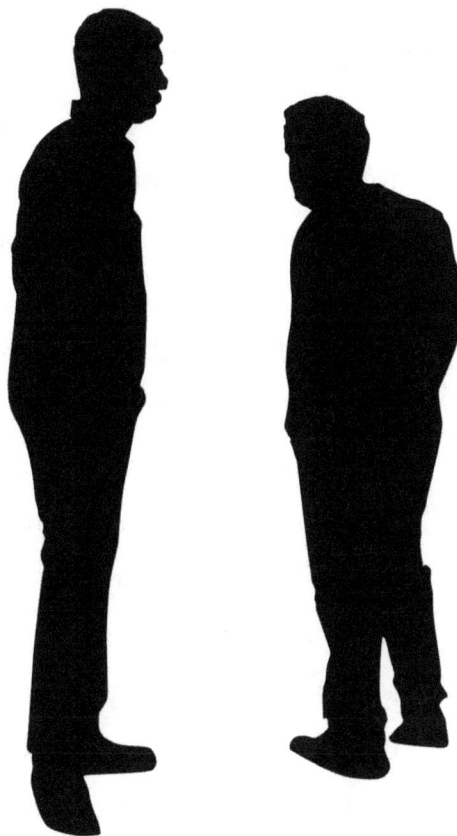

utilizando las técnicas de liderazgo necesarias para convertir este proceso en un camino placentero para la organización, donde los obstáculos son vistos como elementos de aprendizaje y el fortalecimiento de los procesos garantizarán la sostenibilidad de la organización.

ALGUNOS PRINCIPIOS DEL CAMBIO Y MOTIVACIÓN

• No dedique su energía a las emociones sino a las soluciones.

• No se concentre en el problema sino en las oportunidades que ofrece la situación.

• Hágase responsable de corregir las cosas y no culpe a los demás.

• Escuche de manera empática a los demás.

• Sea receptivo con las nuevas ideas.

• Lleve una vida profesional y personal íntegra que sea ejemplo de motivación e inspiración para los demás.

• Dirija mediante el ejemplo.

• Maneje la confianza y el respeto como valor intachable en la organización.

• La transparencia en la comunicación es vital.

• Contrate personas inteligentes y que tengan buena comunicación.

• Promueva la creatividad dentro de la organización.

• Tome decisiones basadas en fundamentos técnicos más que emocionales.

• Sea responsable de los acuerdos y maneje la disciplina.

• Reconozca públicamente los éxitos alcanzados por su equipo.

• Sea congruente con lo que dice y con lo que hace.

• Disfrute y celebre cada éxito y aprenda de los fracasos.

• Recuerde que el principal compromiso es con usted mismo, así otros podrán sentir el compromiso hacia usted.

• En situaciones críticas escuche y pregunte primero antes de dar direcciones.

• Vea los problemas como situaciones que brindan oportunidades de mejorar.

CAPÍTULO 12 (Día 82)

Riesgos Del Negocio. Cómo Evaluarlos Y Controlarlos

Para cualquier tipo de organización es necesario conocer y manejar los riegos tanto en sus procesos, actividades, servicios, productos, como en su personal. Muchas personas saben y hablan de los riesgos que tiene su negocio, pero muy pocas conocen los métodos para administrarlos. Esos riesgos suelen parecer algo que puede ocurrir, pero la mayoría de las personas piensa que a ellos nunca les va a pasar, es más, las personas tratan de no pensar en esos riesgos, pues consideran que si piensan y se imaginan los riegos estos aparecerán, así como un ritual donde la "mala suerte" es invocada. Esas personas consideran que si comienzan a pensar que algo le ocurrirá a la organización, entonces las

posibilidades se incrementarán.

Le podemos afirmar que el no pensar en los riesgos, no los ahuyenta. La existencia de riesgo en cada actividad que se hace en la vida es real. Y el no prever la existencia del riesgo lo pone a usted y a la organización en una posición más vulnerable. El punto está en que usted pueda minimizar, controlar, transformar y hasta eliminar el riesgo cuando este es evaluado, tratado, controlado y administrado. Una gestión de riesgo bien manejada garantiza un beneficioso impacto en las probabilidades de ocurrencia del riesgo y de la materialización del mismo, y no solo puede ayudar en controlarlo. Esta gestión permitirá mejorar las estrategias y la efectiva toma de decisiones de la organización. Ayudará a la gestión del cambio y al aumento de la eficiencia operativa, así como otros beneficios de reducción de costos, ventajas competitivas, mejor presencia en el mercado, e incluso una mejor imagen como organización para la comunidad.

Principios de la gestión de riesgo

La gestión de riesgo es un proceso sistemático que se soporta por una serie de principios. Estos principios forman los pilares donde se apoya la estructura de la organización bajo el enfoque tanto interno como externo. Para el diseño de la gestión de riesgo es necesario conocer el tamaño de la organización, la naturaleza de la misma y su complejidad, así como el alcance de las actividades que realiza y sus limitantes. No solo a nivel de su gestión interna sino también de los aspectos externos que puedan afectar, sean aspectos legales, regulatorios, de gobierno, financieros, sociales, etc.

Para el manejo profundo de la gestión de riesgo es necesario conocer los principios por los que se rige:

1.- El diseño de la gestión de riesgo debe crear valor a la organización, ayudando a las gestión legal, financiera, de calidad, seguridad, salud, ambiental, entre otros.

2.- La gestión de riesgo debe formar parte de los procesos existentes de la organización, no debe ser vista como algo adicional que controlar, sino que está inmersa en cada uno de los procesos y actividades existentes.

3.- Cuando se establecen los criterios a controlar, estos deben permitir la fácil toma de decisión de la directiva de la organización.

4.-El enfoque específico del manejo de las incertidumbres y cómo tomar acciones para su control.

5.-La gestión de riesgo debe estar diseñada bajo el enfoque de sistema, donde se vinculen cada una de las partes y se puedan medir los resultados para validar su fiabilidad.

6.- Controlar la mejor información que entra en los procesos tales como la experiencia, observación, análisis, recomendaciones de expertos para que sea procesada por la gestión de riesgo.

7.-El diseño debe ser realizado a la medida de la organización, estructurado bajo el tipo y alcance del perfil de riesgo específico de la misma.

8.- La gestión toma en cuenta los aspectos culturales y humanos que se vinculan con la organización, tanto del entorno como la gestión interna.

9.- La información que se maneja en la gestión debe ser transparente y abierta en donde los grupos de interés tengan acceso a la información.

10.- El sistema de gestión de riesgo debe ser dinámico, interactivo y sensible a los cambios. Debe mantenerse actualizada la información y velar por el constante intercambio entre los eventos ocurridos y la información brindada.

11.- La organización debe garantizar la implementación de estrategias de mejora continua para la organización, basada en la detección de los riesgos, el análisis y la implementación de las acciones de mejoras.

Evaluación del riesgo

Consiste en la identificación de los riesgos seguido de su evaluación o clasificación. Para hacer una detallada evaluación del riesgo le vamos a brindar las herramientas necesarias para que diseñe su sistema de gestión de riesgo. Recuerde que cada gestión de riesgo es un traje a la medida de la organización, por lo que aquí le ofrecemos un modelo genérico, pero los detalles de adaptación deben ser desarrollados por usted y su equipo de trabajo. Si usted tiene la posibilidad de conseguir un experto en el área que lo apoye en el manejo de la evaluación de los riesgos es recomendable que lo haga, ya que aquí se están jugando elementos de suma importancia para su organización.

El objetivo de bríndales el formulario de "**Evaluación de riesgos**" es permitirle registrar la información en una tabla, u hoja de cálculo que le sea de fácil visualización ya que la estructurará por procesos o actividades permitiendo así ir barriendo cada área de la organización. Aunque una descripción sencilla de un riesgo es a veces suficiente, hay circunstancias donde puede ser necesaria una descripción detallada de los riesgos con el fin de facilitar una visión integral del proceso de evaluación.

Vea lo interesante de poder ponderar un riesgo, manejarlo, y conocer cuáles riesgos son más probables que otros y qué tipo de impacto pueden ocasionar a la organización. Los tipos de riesgos pueden ser cuantitativos, o cualitativos en términos de probabilidad de ocurrencia y las posibles consecuencias o impactos. La organización debe diseñar su propia metodología de medición de la probabilidad del riesgo. Una manera sencilla de evaluar podría ser multiplicar la amenaza por la vulnerabilidad.

Vamos a definir cada término:

Riesgo: la combinación de la probabilidad de que ocurra un evento y sus consecuencias.

Amenaza: Es la condición peligrosa que puede ocasionar el riesgo. Se determina por la intensidad y la frecuencia.

Vulnerabilidad: Las características y circunstancias que hacen susceptible a la organización. La vulnerabilidad está compuesta por la exposición, la susceptibilidad y la resistencia de adaptarse a los efectos.

RIESGO = AMENAZA X VULNERABILIDAD

TIPOS DE AMENAZAS:

- Desastres naturales (inundaciones, terremotos, huracanes, etc.).
- Humanos (falta de personal, mal mantenimiento, error en la gestión).
- Tecnológicos (falla en equipos, falta de conectividad).
- Seguridad (física, personal, financiera, social).
- Deliberadas o intencionadas.

Las amenazas se pueden clasificar desde muy bajas, bajas, medianas, altas y muy altas y caracterizar con números del 1 al 5 por ejemplo.

TIPOS DE VULNERABILIDAD:

- Ausencia de conocimiento.
- Estafa.
- Pérdida de activos.
- Pérdida de personal.
- Robo de productos.
- Descomposición de materia prima.

La vulnerabilidad puede variar dependiendo del tipo de negocio y proceso que usted esté evaluando. Aquí simplemente colocamos algunos ejemplos para que usted tenga idea del manejo de los riesgos en su organización.

También la puede clasificar desde muy baja, baja, mediana, alta y muy alta y caracterizarla con números desde 1 al 5.

Manejo de la tabla de evaluación de riesgo

Para el diseño de la evaluación de los riesgos siga los siguientes pasos:

PASO 1: En la primera columna de la tabla aparece el nombre de la **actividad a evaluar**. Puede guiarse con su lista de procesos y procedimientos por área y seleccionar las actividades que a usted le interesa evaluar.

PASO 2: Determine la **naturaleza del riesgo**. Aquí va a desarrollar las posibilidades de riesgos que puede correr esa actividad. Puede tener más de un tipo de riesgo asociado a esa actividad.

PASO 3: Frecuencia con que se realiza la actividad. Aquí colocará si es diaria, semanal, quincenal, mensual, o las veces que se realiza esa actividad en la organización. De esta forma le ayudará a determinar si la amenaza es alta o no.

PASO 4: Indique la **amenaza** que tiene esa actividad en números según la escala que la organización determinó.

PASO 5: Indique la **vulnerabilidad** que esa actividad tiene en números según la escala que la organización determinó.

PASO 6: Multiplique el valor de la casilla de amenaza por el valor de la casilla de vulnerabilidad y coloque el valor en el **Índice de riesgo**.

PASO 7: Tipo de control que va a aplicar, ya sea para minimizar el riesgo, transferirlo, tolerarlo con controles, tratarlo para modificar su origen, o eliminarlo. Recuerde que mientras el índice de riesgo es más alto debe aplicar mayor atención a la aplicación de controles.

PASO 8: Describa **las acciones** que requiere hacer para hacer cumplir lo que determinó en la casilla anterior en el tipo de riesgo.

PASO 9: Responsable de mantener el control del riesgo y las acciones. Aquí colocará el nombre de la persona responsable por el control del riesgo evaluado. Con el desarrollo de esta tabla usted podrá administrar un control de riesgo práctico y seguro que le brindará más tranquilidad a la hora de tener cualquier eventualidad, así como una herramienta de toma de decisiones. Es posible que el desarrollar todo el cuadro con cada una de las actividades claves de la organización sea un trabajo tedioso, pero vale la pena una vez que usted y su equipo se paseen por cada actividad y puedan visualizar los riesgos inherentes que tienen como organización.

MONITOREAR EL RIESGO

Para la realización del monitoreo es necesario que ponga en práctica las técnicas suministradas en la lista de los principios de la gestión de riesgo, en donde usted cuide el seguimiento de la gestión, la vinculación de las personas de la organización, así como el control de la información y el uso de la misma para que se genere un sistema de mejora continua. Si estableció metas en su plan de acciones que diseñó en la tabla de evaluaciones de riesgo, esto le permitirá saber en qué nivel de riesgo se encuentra cierta actividad y cómo ha ido mejorando a través del tiempo con la aplicación de las acciones propuestas. En caso de que usted no vea mejoras,

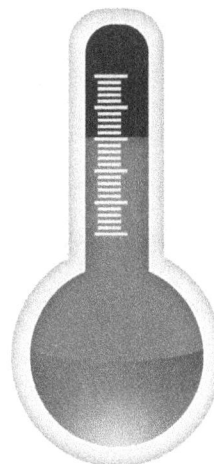

esto amerita la revisión recurrente de la tabla hasta lograr tener una acción o un grupo de acciones que mejoren el proceso y minimicen o eliminen el riesgo evaluado.

Vea el interesante uso correcto de esta técnica y los beneficios que le puede dar a la hora de aplicar un *Sistema de gestión de riesgo de negocios.* Aquí le enumeraremos algunos de los beneficios que obtendrá:

• Creación de conciencia en la organización en cuanto al manejo de los riesgos.

• Cumplimiento de los requisitos legales y regulatorios así como cualquier requisito del cliente.

• Mejoramiento continuo del negocio.

• Establecimiento de un método confiable para la toma de decisiones.

• Mejora la prevención y gestión de incidentes.

• Minimiza las pérdidas.

• Mejora el manejo del liderazgo objetivo.

• Mejora la confianza en los empleados, clientes y proveedores.

• Mejora el manejo de la información interna de la organización.

• Aumenta la seguridad en general.

• Crea una cultura proactiva en lugar de una cultura reactiva.

• Mejora la identificación de las oportunidades y las amenazas.

• Mejor manejo de los recursos.

• Creación de una cultura de prevención.

EVALUACION DE RIESGOS

ACTIVIDAD	NATURALEZA DEL RIESGO	FRECUENCIA	AMENAZA	VULNERABILIDAD	INDICE DE RIESGO	TIPO DE CONTROL	ACCIONES	RESPONSABLE

CAPÍTULO 13 (Día 86)

Reglas De Negociación

La herramienta de negociación puede ser utilizada como una habilidad y destreza en cualquier campo, sea de trabajo, personal o familiar. Como individuo, el poder tener la capacidad de negociación le permite acceder a muchos campos y alcanzar metas basado en acuerdos estratégicos. Cuando se inicia un proceso de negociación lo más importante es ganarse la credibilidad de la persona, más allá del simple hecho de conseguir el acuerdo o compromiso que se estaba buscando. El arte de negociar lleva consigo una gran cantidad de elementos que usted debe tomar en cuenta a la hora de sentarse frente a otros a iniciar dicho proceso. Significa tener claro en la propia mente los objetivos que se pretenden alcanzar y el método que se va a utilizar para ello, pero también es importante saber lo que no se va a utilizar para lograrlo, pues es allí donde agotamos nuestros recursos y donde se distorsiona el proceso de negociación.

En muchas ocasiones este proceso se convierte en una lucha de poderes, más que por alcanzar el objetivo en sí. Cuando dos o más partes se confrontan, afloran primero los objetivos emocionales por luchar, controlar y ganar, antes que el objetivo real del proceso a negociar.

El manejo del poder en las situaciones de negociación va a depender de la percepción del poder por cada una de las partes, es decir, que es un elemento relativo en cuanto a la forma en que cada quien percibe el poder y lo maneja. En general, el poder es dinámico por naturaleza y evoluciona con rapidez pudiendo causar estrés y tensión ya que requiere una gran cantidad de energía.

A través de estudios se ha determinado que existen cuatro objetivos fundamentales a seguir en un proceso de negociación:

1.- Crear valor en la mayor medida posible: Esto significa trabajar incansablemente desde los primeros momentos de la transición para identificar el potencial de beneficios mutuos en todas las relaciones –dentro de su organización y con todas las relaciones externas importantes– que son fundamentales para su éxito. También significa identificar las alineaciones de interés que pueden ayudarle y aquellas con las que piensa colaborar; los recursos que le pueden aportar energía y canalizarlos para conseguir los resultados necesarios.

2.- Captar una parte apropiada del valor creado. Esto significa asegurarse de que los acuerdos a los que llegue con otros jugadores influyentes le beneficien realmente. Después de todo, tiene unos objetivos importantes que está tratando de conseguir. Aunque sea gratificante ayudar a los demás debemos evaluar hasta qué medida ayudar será beneficioso o no. No puede poner en riesgos sus propios objetivos a expensas de ayudar a otros. Y sobre todo no se puede ayudar a otros si la persona no desea ser ayudada.

3.- Conseguir y mantener relaciones importantes. Esto significa no tratar de forzar tanto el valor en sus negociaciones que perjudique sus relaciones. También significa tener mucho cuidado con influir en formas que pudieran percibirse como egoístas o manipuladoras.

4.- **Reputación**: Significa conseguir una reputación de negociador duro, creativo y digno de confianza. Además, quiere decir considerar todas las negociaciones que mantenga tanto dentro como fuera de la organización como una oportunidad de construir y reforzar la reputación. Una buena reputación es un activo que tiene un valor incalculable para un líder de transición. Tiene que luchar por conseguirla y mantenerla en toda interacción.

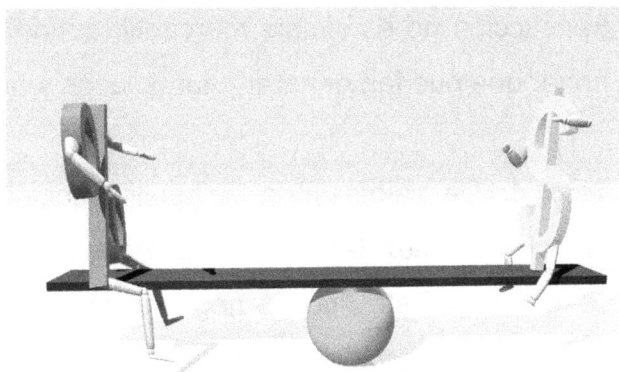

Cuanto más fuertes sean sus alternativas, mayor será su poder de negociación, y menor será la necesidad de llegar a un acuerdo particular.

Tipos de negociación

El tipo de negociación que usted va a establecer dependerá directamente de los actores, la búsqueda de acuerdos y los intereses que se pongan en juego.

Tipo 1: Comercial simplemente, cuando una persona desconocida va a realizar una transacción posiblemente una sola vez y busca el mejor beneficio para ambos.

Tipo 2: Comercial mercantil, es cuando los intereses a negociar con una persona no son solo momentáneos sino que posiblemente se seguirán haciendo futuras transacciones y pueden crearse valores en el tiempo.

Tipo 3: De valores con terceros que no son familia ni pareja, ni socios, donde la transacción no es simple mercantil, donde se establecen valores y patrones de honor que puedan generar futuros lazos y relaciones.

Tipo 4: De valores con la familia, socios, y pareja donde existe una carga emocional mezclada con intereses, patrones, poder, valores, culturas, costumbres. Este tipo de negociación requiere más atención y dedicación a la hora de establecer las técnicas.

Clases de negociación

Negociación integrativa

Se basa en el deseo que tienen los negociadores de ganancias mutuas y una alta cooperación. Esta clase de negociación está orientada hacia el respeto de las aspiraciones del negociador con el objetivo de que la parte contraria considere el resultado de igual forma satisfactorio. En esta negociación se busca orientar los objetivos de las partes a objetivos de interés común.

Entre las características de la negociación integrativa se tiene:

• Búsqueda de un clima de confianza y credibilidad mutua.

• Búsqueda de la estabilidad de la solución negociada para evitar volver atrás.

• Se valora la visión de futuro de las partes donde se pone en juego, proyectos, recursos, etc.

• Valoriza la creatividad y búsqueda de mayor opciones dinámicas donde las partes trabajen juntas.

• Maneja los valores de autoridad y acuerdo cumpliendo los establecidos por ambas partes.

Negociación distributiva

Aquí se demuestra una débil cooperación entre las partes, en algunos casos ni siquiera existe la actitud y disposición de negociar. Aquí se busca más bien la ganancia particular, sin considerar la de la contraparte. En esta clase de negociación entra en juego el poder en sus diversas formas para tomar ventaja entre los negociantes. Aquí lo que una de las partes de la negociación gana la otra lo pierde. Es por eso que no es integrativa sino distributiva.

En el mundo real muchas veces se hacen **negociaciones mixtas** en las que se inicia un proceso integrativo con algunos matices de negociaciones distributivas.

Técnicas para negociar

1.- Establecer el objetivo claro de la negociación y el objetivo de las partes. Cuando estamos en un proceso de negociación es importante saber cuál es el objetivo propio antes que el objetivo de la negociación, pues las emociones pueden llevarnos por caminos equivocados, a luchar por cosas que quizás no están alineadas con nuestros objetivos o no tienen el valor para ser negociadas. Constantemente en la vida vivimos en una lucha de poder, por querer tener la razón más que cumplir con el objetivo que andamos buscando en el momento. Es la típica historia de dos personas discutiendo de política, sobre un tema que posiblemente no tenga valor para los objetivos de la discusión, sino que simplemente pone sobre la mesa que el negociante A desea demostrarle al negociante B que su partido político funciona mejor que el contrario. Al final ambos saben que no son reclutadores de un partido político ni buscan cambiar la opinión del otro, sino que simplemente disfrutan inconscientemente de un debate para demostrar lo positivo de su partido y lo negativo del otro. Al final si uno se pregunta cuál era el objetivo de la conversación simplemente se verá que era un proceso de lucha de poder para demostrarse uno a otro quién estaba en el partido correcto o no.

Este caso como muchos otros nos absorben el tiempo y las energías y nos hacen perder amigos, conocidos, romper relaciones y hasta tener problemas familiares simplemente porque la pasión de una discusión para demostrar poder nos arrastra a romper la armonía de una buena conversación productiva que conduzca al logro y beneficio de ambas partes.

Conocer el objetivo propio antes que el objetivo de la negociación es una tarea básica que debemos realizar y en la que podemos utilizar las siguientes preguntas que nos ayudan a poner el enfoque en lo que queremos y a desarrollar los objetivos:

- ¿Sus objetivos propios están alineados con lo que desea negociar?

- ¿Sus objetivos son simplemente suyos o son de terceras personas también?

- ¿Sus objetivos son medibles y se pueden cumplir?

- ¿Sus objetivos son compatibles con los objetivos de la negociación?

- ¿En caso de que no se establezca una negociación puede seguir con sus objetivos adelante?

- ¿Tiene la capacidad de ceder terreno en el momento de la negociación sin afectar sus objetivos?

Contestar estas interrogantes le podrá llevar a determinar si sus objetivos están claros y podrá saber un poco más de los objetivos de la negociación. Muchas veces la marea de las emociones nos lleva a puertos desconocidos, donde las cosas pueden tomarse relajadamente o se puede sentir el desespero de no tener mapa ni guía.

Por otra parte, no muchas veces conocemos los objetivos de la otra parte con la que vamos a negociar, y en ocasiones esa otra parte tampoco la conoce. Es allí cuando se puede aprovechar para establecer posibles objetivos para los terceros. En ese momento el abanico de oportunidades se abre para establecer quizás alternativas que los terceros desconocen y que pueden ser la puerta que abra a una negociación atractiva para ambas partes.

Parece un poco absurdo el creer que la otra parte no conoce sus objetivos, pero nuestra experiencia como consultores nos ha demostrado que son altas las estadísticas de casos en los que dos partes se sientan a negociar sin saber claramente cuáles son los objetivos propios y mucho menos los de la negociación.

Tome en cuenta que muchas negociaciones pueden llegar hasta este primer paso cuando desconocen los objetivos y es posible que cuando lo conozcan, entiendan claramente si vale la pena negociar o no.

2.- Establecer los beneficios propios y los beneficios de los terceros.
Cuando ya están claros los objetivos y se han planteado de manera escrita los posibles objetivos de los terceros, es cuando se comienza a abrir la cantidad de recursos, oportunidades y alternativas.

La tarea de abrir la visión para poder observar los infinitos recursos y oportunidades se basa en romper el antiguo patrón de ver siempre el mismo camino y entender que cada cosa que vemos como problema es una situación que tiene oportunidad de mejorar. Bajo ese esquema de la oportunidad de mejora podemos ver más recursos y alternativas en el establecimiento de los beneficios propios y de los terceros.

Aquí puede aplicar técnicas de tormentas de ideas y mapas mentales para poder establecer esas oportunidades que antes usted no había visto y que quizás la otra persona tampoco.

ELEMENTOS DE LA NEGOCIACIÓN

Cuando usted entra en el juego de la negociación no solo existe su punto de vista sino el de las otras personas que entran en el juego y que usted debe valorar y manejar de la mejor forma para no desviar el objetivo original por los caminos emocionales que pueda tomar el proceso.

1.- Determine la forma de manejar la negociación, sea directa, a través de un mediador, a través de documentos, de aspectos legales, de acuerdos de palabras, etc.

2.- Defina los intereses que están involucrados en el conflicto y que son los que causan la tensión en la discusión.

3.-Mantenga la imagen de racionalidad y objetividad, le brindará poder y respeto en todo momento durante la negociación.

4.- Mantenga flexibilidad que permita un ambiente cómodo para las partes sin la rigidez de no encontrar opciones o nuevos caminos.

5.- Habilidad de salir del contexto de la negociación cuando se vea que el objetivo original se está desviando, usando diplomacia y autoridad.

6.- Conéctese con los valores esenciales que definen la identidad de los negociadores.

7.- Maneje el riesgo y las pérdidas que se involucran en las decisiones que se están negociando. Este es un punto clave para orientar a las partes.

8.- Resalte el bien común. Esto implica poner énfasis en los beneficios colectivos y minimizar los particulares.

Para todo empresario el tema de la negociación se ve reflejado en el día a día, desde negociar una oferta grande con su mejor cliente hasta negociar quién hace el café en la oficina los viernes. Es un tema que puede brindarle tranquilidad o estrés, dependiendo de su percepción, y si practica estas técnicas cada día buscando mejorar su capacidad de negociador podrá conectarse mucho mejor con las personas y lograr acuerdos beneficiosos tanto para la empresa como para su vida personal.

CAPÍTULO 14 (Día 88)

Creatividad, Innovación Y Mejora Continua

Existen muchas formas de definir la innovación y esta va desde generar nuevos inventos, nuevas propuestas hasta la implementación de las mismas. Se dice que una idea es realmente innovadora cuando es diseñada, puesta en marcha y se pueden demostrar los beneficios de la misma. Para lograr generar innovación en su negocio es necesario conocer las competencias que tienen los participantes de su organización y la guía e inspiración que el líder pueda ofrecer.

Cuando hablamos de las competencias estas pueden ser asumidas como un saber razonado para hacer frente a la incertidumbre; manejo de la incertidumbre en un mundo cambiante en lo social, lo político y lo laboral dentro de una sociedad globalizada y en continuo cambio. Las competencias no pueden abordarse como comportamientos observables solamente, sino como una compleja estructura de atributos necesarios para el desempeño en situaciones diversas donde se combinan conocimientos, actitudes, valores y habilidades con las tareas que se tienen que desempeñar en determinadas situaciones.

Las competencias deben tomarse como procesos complejos que las personas ponen en acción, actuación, creación para resolver problemas y realizar actividades de la vida cotidiana y del contexto socio-laboral y profesional, aportando a la construcción y transformación de la realidad. Para ello integran **el saber ser, el saber conocer y el saber hacer**, tomando en cuenta los requerimientos específicos del entorno, las necesidades personales y los procesos de incertidumbre, con autonomía intelectual, conciencia crítica, creatividad y espíritu de reto. Las competencias están constituidas por procesos subyacentes, como los procesos cognitivo-afectivos.

Cada persona es un universo que dialoga con el mundo, de modo que el hombre es una muestra diferencial, es el resultado abierto y comunicacional de la complejidad dinámica e interdependiente en la que vivimos; por consiguiente, las competencias deben ser abordadas desde un diálogo entre tres ejes centrales como son: *las demandas del mercado laboral-empresarial-profesional, los requerimientos de la sociedad y la gestión de la autorrealización humana*.

La competencia no es una característica intrínseca de las personas y tampoco es una cuestión independiente del conocimiento que se adquiera a lo largo de la vida. Al contrario, nace y crece con él, con lo útil del conocimiento y con el conocimiento de lo útil. La competencia es el vehículo que transporta el conocimiento y la inteligencia es el lubricante que facilita su progreso; ambas cuestiones condicionan los niveles y las prestaciones del producto final resultante, en definitiva, la competencia real de las personas a lo largo de la vida.

La formación en competencias es la mezcla de formas equilibradas en donde los ingredientes más característicos del conocimiento buscan tratar de descubrir algunos o muchos de los sabores ocultos (destrezas, habilidades, aptitudes y actitudes) de gran repercusión en el producto resultante de su organización.

Gestión del conocimiento

Se entiende como gestión del conocimiento el aprendizaje y la actividad que permite generar, compartir o distribuir y utilizar el conocimiento tácito (know-how) y explícito (formal) existente en un determinado espacio, para que los individuos y las comunidades lo apliquen cuando deban enfrentar sus necesidades de desarrollo.

El conocimiento siempre ha sido considerado como un factor que promueve el avance de la civilización, el que permite solucionar problemas, adaptarse a las condiciones del medio ambiente, manejar los grupos, imponer reglas, enfrentar situaciones críticas, en definitiva mejorar las condiciones en que viven los seres humanos.

En la actualidad, la necesidad de aumentar la dinámica para cambiar y adaptarse a modelos más flexibles de trabajo, ha traído como consecuencia el aumento en el uso intensivo de la información como recurso clave para un buen desempeño. A su vez, este hecho aumenta el uso de la tecnología y el desarrollo de procesos de aprendizaje como mecanismo para incorporar nuevos conocimientos.

En el primer caso, la incorporación de tecnología creada en el extranjero o en otros contextos culturales tiene como inconveniente las diferencias entre la madurez cultural donde se creó la misma y la de la

organización donde se quiere implantar, traducidas en diferencias en las prácticas habituales. Y en el segundo, la falta de construcción de un lenguaje para el cambio a fin de que se produzca el aprendizaje de las nuevas prácticas habituales que estas tecnologías imponen con las consecuentes resistencias al cambio.

Las organizaciones deben producir conocimiento, aunque se adquiera fuera; la necesidad de preparar la adaptación de sus integrantes obliga a crear objetos de conocimientos, tales como metodologías de transferencias, modelos conceptuales, diseño de nuevas competencias, definición de nuevos procesos, programas que administren aprendizaje y no capacitación, diseño de cargos por competencias, planes de estudios basados en el enfoque de competencias, gestiones de procesos basados en conocimiento.

Para las organizaciones el manejo del conocimiento es como el conjunto de elementos que describen a un determinado objeto o parte de la realidad, con lo cual se actúa sobre esa realidad con mayor eficiencia y productividad. Los elementos van desde los datos neutros, la información, el conocimiento aplicado a un objeto, la experiencia adquirida, las capacidades aprendidas, entre otras.

El proceso de construcción de conocimiento permanente implica un aprendizaje activo para trabajar y crear estos elementos. Este proceso en general se va generando en los mismos contextos operativos instalados y con un status quo prolongado en el tiempo. No se observa la generación de espacios adecuados para el desarrollo y la innovación, se innova en la operatividad, lo que genera ruidos y conflictos razonables para aquellas personas que dentro de la organización están presionados por la producción del día a día y los retadores esfuerzos para generar productos y servicios bajo los constantes cambios del entorno. De ahí que es imprescindible manejar un modelo conceptual compartido entre quienes deben cambiar.

La volatilidad de los cambios que se producen dentro de las organizaciones, en el contexto de la nueva economía, y la continua introducción de la nuevas tecnologías de inteligencia artificial en los procesos de producción y administración dentro de las organizaciones y empresas, han provocado a su vez, transformaciones en las estructuras organizacionales y hasta mentales en el interior de las mismas.

Las nuevas realidades laborales son y serán a partir de ahora un gran reto; realidades que han modificado el contrato en las relaciones laborales entre las organizaciones, empresas y sus miembros, haciendo énfasis ahora en el desarrollo del conocimiento de la gente.

No es fácil darle respuestas inmediatas a este gran reto. Muchas empresas u organizaciones han optado por la aplicación de un sistema de competencias laborales, como una alternativa para impulsar la formación y la educación, en una dirección que logre un mejor equilibrio entre las necesidades de las empresas u organizaciones y sus miembros.

La gente hoy en día experimenta un proceso bajo un nuevo marco de actualización que proviene del desarrollo tecnológico sustentado muy especialmente en las nuevas tecnologías de la comunicación, y de los nuevos modelos gerenciales, donde los principios básicos son: **aprender a conocer, aprender a hacer, aprender a convivir con los demás y por último aprender a ser**, esto tiene un nuevo significado en la gestión del conocimiento como nuevo paradigma del siglo XXI.

En el contexto administrativo, la sociedad de la información y la sociedad del conocimiento son dos dimensiones en el proceso permanente de desarrollo, en el cual los talentos humanos dejan de ser sujetos pasivos para transformarse en sujetos activos, que facilitan las mejoras de los procesos productivos y estimulan la introducción de nuevas competencias laborales para asumir los retos más importantes y singulares en la era actual, y así superar en ese nuevo camino los miedos al fracaso, al rechazo, a las críticas, a los esquemas tradicionales de jerarquía y de esta forma romper con los viejos esquemas mentales que tanto daño generan en el interior y el exterior de las diferentes organizaciones.

En este sentido se puede afirmar que el **conocimiento** constituye el activo más valioso de cualquier organización en la sociedad de la información. Así, hablamos de la sociedad del conocimiento y de la economía del conocimiento. La competitividad de las empresas, y por lo tanto su supervivencia, depende de que este conocimiento pueda preservarse y utilizarse de forma eficiente.

De allí que la gestión del conocimiento se pueda ver como *el arte de crear valor a partir de los activos intangibles de una organización relacionada con el uso de la información estratégica para conseguir los objetivos de negocio, con el fin de realizar una actividad organizacional que permita la creación del entorno social e infraestructura para que el conocimiento pueda ser de fácil acceso, compartido y creado, el cual es puesto al alcance de cada empleado para que su actividad sea efectiva*

Cultura de trabajo

La cultura del trabajo requiere un conjunto de nuevas competencias cognitivas, sociales y tecnológicas ya que las organizaciones empresariales han adoptado cambios al menos en dos grandes categorías como son:

El trabajo en redes. En donde las estructuras piramidales, jerárquicas y cerradas, han comenzado a ser reemplazadas por redes de empresas interactivas y abiertas, aumentando la descentralización de la toma de decisiones a las unidades que adquieren mayor autonomía. La dirección central asume un rol de definición de estrategias y evaluación de resultados. El desarrollo de la autonomía requiere la adquisición de competencias relacionales, organizativas, cognitivas y tecnológicas.

La adaptabilidad. Es decir que en las organizaciones se ha producido un cambio de paradigma basado en la productividad, en donde solo se toma en cuenta la estandarización y el volumen, lo que representa un modelo rígido, y se cambia por la calidad, la innovación permanente y el diseño. Esto da lugar a la noción de fábrica flexible y adaptable a mercados cambiantes en volúmenes y especificaciones. En este contexto, surgen como competencias la adaptabilidad, la polivalencia y la conformación de equipos.

LA MEJORA CONTINUA

Las condiciones de competitividad han hecho que la empresa moderna deba estar en permanente cambio. Ello implica que la nueva organización se conciba como una estructura dinámica, identificando problemas y procurando soluciones. Esta situación se traduce en la necesidad de una política de recursos humanos que estimule la *capacitación sistemática y la creatividad.*

Las nuevas condiciones de productividad y competitividad no pueden obtenerse con una limitada y reducida formación. Esto ha llevado a modificar sustancialmente el concepto y las prácticas tradicionales de la formación, básicamente en lo que refiere a contenidos y niveles ocupacionales atendidos y produce un giro conceptual, el cual modifica la relación de la formación y la capacitación dentro

del escenario educativo, no solo a nivel universitario sino también a nivel empresarial. Las organizaciones deben conocer claramente las nuevas condiciones de productividad que el negocio necesita y alinearlos a la formación de sus miembros de la organización.

Se hace necesario entonces formular políticas de formación para el empleo que incluyan el diseño y puesta en práctica de mecanismos que permitan a los trabajadores prepararse mejor para desempeñarse en un mundo de permanente movilidad y de nuevas condiciones laborales, lo que supone la adquisición de competencias básicas o de empleabilidad, obtenidas en la educación formal así como en la formación empresarial basada en la práctica y la experiencia.

En este sentido se puede afirmar que la modernización productiva basada en los criterios de calidad, eficiencia, competitividad y productividad, hacen difícil un abordaje desde programas de capacitación centrados en la habilitación para un puesto de trabajo específico. Los certificados o diplomas obtenidos de esta manera comienzan a perder valor, al plantearse como significativos, no a las formas como fueron adquiridos los conocimientos, sino los resultados alcanzados efectivamente por las personas en su desempeño laboral.

En este sentido se puede afirmar que la gestión de conocimiento pudiera resultar necesaria por cuanto se estaría complementando la formación de competencias desarrolladas por los miembros de la organización para que el negocio por sí mismo pueda gestionar sus procesos, administrarlos y brindar los servicios y productos en un entorno dinámico que se adaptaría fácilmente a los cambios del mercado. Fundando así una cultura de mejora continua dentro de la organización.

Mejora continua como cultura

¿Cómo lograr generar una cultura de mejora continua en donde se puedan conjugar los procesos productivos de la organización y las competencias de las personas? Por nuestra experiencia de años en el mundo de la consultoría, una de las estrategias más comunes es el establecimiento de procesos, procedimientos, indicadores de gestión y auditorias, que con su uso cotidiano van creando hábitos que posteriormente se convierten en cultura organizacional.

La mejora continua de la eficacia de la organización se basa en la combinación de la misión, visión, objetivos, los resultados de los indicadores de gestión, el análisis de datos, las acciones correctivas y preventivas, las acciones de control de los riegos, el control de las fallas y reclamos, y a través de los procesos de comunicación interna entre los miembros de la organización sea: reunión de revisión por la dirección; reunión de gestión de la calidad; reunión de resultados de operaciones; reunión de reclamos, en la cuales la organización recopila la información acerca de: informes de medición y análisis de los datos; informe de los resultados de la auditorías internas; resultados de auditorías externas (clientes y proveedores); reclamos de calidad de producto y servicio; minuta de las diferentes reuniones; estado de acciones correctivas, preventivas y de mejora; e informe de los resultados y efectividad de las acciones tomadas.

En esas reuniones la organización debe manejar los siguientes puntos: revisión del comportamiento (eficacia, eficiencia, debilidades potenciales, efectos externos, oportunidad de emplear métodos mejores, control de cambios planificados y no planificados) de los procesos; y seguimiento a los diferentes planes de acción establecidos. Entre los participantes la organización debe identificar las oportunidades de mejora requeridas y evaluar las prioridades, para tomar una decisión sobre el desarrollo o no de proyectos de mejora. Las acciones que surjan de la evaluación de los procesos deben quedar registradas con responsables y fechas de ejecución. La información recopilada, así como los acuerdos realizados son información de entrada para el constante e infinito proceso de mejora y gestión del conocimiento de la organización.

Para que usted logre generar ese equipo de personas creativas, innovadoras en un ambiente de mejora continua le ofrecemos realizar los siguientes pasos:

PASO 1: Lleve un control de todas las quejas, reclamos, problemas internos dentro de la organización.

PASO 2: Utilice el formulario de "**Mejora Continua**" y coloque en la primera columna el nombre del proceso que se ve afectado por el problema que desea mejorar.

PASO 3: Determine los datos de entrada que afectan el proceso y que usted determine que sean los datos para poder medir el problema.

PASO 4: Establezca un equipo de personas que participarán como grupo de mejora en ayudar a solucionar el caso.

PASO 5: Determine la causa y posibles alternativas de mejora; aquí puede aplicar diversas técnicas que existen para la determinación de los problemas y sus causas.

PASO 6: Determine qué recursos necesita para lograr poner en práctica las alternativas propuestas.

PASO 7: Comience a realizar las acciones propuestas y evalúe los efectos de dichas acciones.

PASO 8: Revise y mida la efectividad de las acciones y regístrelas. Si observa que las acciones ayudan, continúe realizándolas, si no debe volver al paso cinco y revisar de nuevo causas y nuevas acciones.

PASO 9: Cuando observe que el problema está mejorando, documente y lleve a los procesos diarios así como cualquier proceso de formación interna que haya requerido o requiera establecer.

PASO 10: Cada cierto tiempo vuelva a evaluar el caso para monitorear su comportamiento.

Felicitaciones. Aquí usted cumplió con el desafío de los 90 días de retos que le permitieron conjugar todos los elementos para desarrollar un método de constante revisión y así establecer una organización dinámica en donde los cambios y las mejoras constantes generan evolución.

www.90daysolutions.com

MEJORA CONTINUA								
PROCESO	DATOS DE ENTRADA	PERSONAS DEL EQUIPO	CAUSA DE ORIGEN	ALTERNATIVAS DE MEJORAS	RECURSOS	MEDICION DE DATOS	FRECUENCIA DE MEDICION	COMENTARIOS

90 DÍAS DE DESAFÍO